一瞬で売れる！
買わせる！

お客の心をつかむ言葉のテクニック

キャッチコピーのつくり方

マーケティング戦略デザイナー
Hiroyasu Kanou
加納裕泰

同文舘出版

プロローグ──ロレックスを３倍売り上げた伝説のポスター

　十五年前、まだ私が一介の企業デザイナーだった時のこと。ある時計宝飾のチェーン店からの要望で、高級腕時計ロレックスの写真を使用して、店内ポスターをつくることになりました。
　季節は初夏。販促に力を入れるには中途半端な季節で、購買意欲を誘うシーン演出が難しい時期です。そんな時に、高級品のロレックスを売りたい、ということでした。
　ブランドものだから、あえて「買ってください」というのもかっこ悪い。ダサイのはいやだなぁ……その時はそう思いながら考えました。
　まだ若く、自分のデザイン力に（過度の）自信があった私は、とりあえずインパクトだ！　と思い、画面一杯にシソの葉っぱの写真、その上にロレックスサブマリーナの写真を一枚だけ置いて、一品料理のように見せました。そして、そこに入れたキャッチコピーは、

初夏限定。

　たいした意図などありませんでした。商品写真の横に「今だけですよ」と入れただけです。実際には値引きしているわけでもありません。
　ところが、ふたを開けてみれば、その部門売り上げは例年の３倍。前年対比300％アップです。前代未聞の出来事だったそうで、クライアントの担当者は絶賛してくれました。そのことがあってから、担当者は私を指名してくれるようになりました。

　今だから告白しますが、実は私はその当時、なーんにも考えずに、音楽にうつつを抜かしながら腰掛け程度の気持ちで仕事をしている、ただの「今どきの若いもん」でした。

クライアントは喜んでくれているのですが、私自身はそれが広告デザインの「本質」だということにまったく気づいていませんでした。

　では、何がよかったのか検証してみましょう。
　販売数が落ちる時期、しかし派手に広告を打つ予算組はしていないし値引きはしたくない。販売のための企画があったわけでもない。今思えば、クライアントにとっては、とにかく単価の高い高級腕時計を売って数字を稼ぐという苦肉の策だったのかもしれません。
　ところが、店内のわずかな販促ツールで商品写真を目立たせただけ、強いて言えば「ロレックスのサブマリーナが初夏限定でショーケースの前面に出ているよ」そう言っただけで部門売り上げ300％アップ。願ってもない効果でした。
　ロレックスはもちろん圧倒的なブランドなので、店内ポスターがあるだけでも十分にインパクトはあったでしょう。ただ、このポスターが店内を行く人々の目を奪っていたことは確かだったようです。
　私が、「限定」というフレーズが売り上げに効くということを理解できるようになったのは、それからずいぶん後のことでした。

　私は、岐阜県で主に東海地方を中心に全国の中小企業やメーカー、個人商店をはじめ、学校、士業、市民団体、公共団体、はたまた政治家など、さまざまな分野の販売促進・広告宣伝づくりをしています。世間一般では「グラフィックデザイナー」とか「アートディレクター」なんて呼ばれている職業です。
　しかし、販売促進・広告宣伝といっても、受け持つ分野は実に膨大です。名刺、ロゴデザイン、ホームページ、チラシ、カタログ、パッケージなどは言うに及ばず。販売戦略から商品開発、営業マニュアル、販売システム、事業戦略まで、それはもう、会社の根幹にかかわるような部分まで請け負うこともあります。
　難しく聞こえますが、実は大企業だろうと、町の八百屋だろうと

根っこはいっしょなのです。

　なぜなら、誰に、何を、どういう機会に、どうやって伝え、理解してもらい、買っていただくのか？　突き詰めるのはこの一点だけなのです。
　これは、お客様を必要とする仕事なら、どんな分野でも当てはまります。町の八百屋にはもちろん、大企業のような精鋭なる販売戦略室はありません。でも、八百屋の父ちゃんは、営業部長であり、バイヤーであり、すべての部署を兼任している社長と同じです。八百屋の母ちゃんは、秘書であり、経理部長、営業事務と同じ。個人商店は、すべて自分でやるしかありません。特に、家族で商売をしている人たちは広告にかけられる予算などありません。これに加えて、家族の問題、近所付き合いなどの「しがらみ」が、商売そのものに深くかかわってきます。その余計なしがらみにとらわれ、言いたいことが言えない。
　そんな現場に、数限りなく居合わせてきた私は、彼らの生活の悩みを仕事に持ち込ませないための、情報の整理整頓役となっていました。広告のキャッチコピーを一行つくるのにも、彼らのしがらみが、すべて含まれてしまうことを知ったのです。
　そんな自家製の広告をつくっている彼らが、**最低限持っていた方がいいスキル**は何か？　と考えたとき、それが「キャッチコピー」でした。**他人に、正確に、効果的に伝え、買ってもらうための「言葉のテクニック」**です。言葉のテクニックがつけば、広告はつくれます。また、印刷会社や広告代理店に負けないだけの力をつけて、広告づくりを主導できるのです。私が本書を書くきっかけになったのは、そんな思いからです。

　さて、本書は日々、仕事の合間に広告づくりや販促ツールづくりに四苦八苦しているあなたのための、「キャッチコピーづくりの指南書」です。

キャッチコピーのためにペンを執ったことのないあなた、今までがんばってコピーを書いてきたけど、まったく結果が出てこなかったあなたに、次の五つの視点から、キャッチコピーであなたとお客様をつなぐための知識を綴ってあります。

- キャッチコピーをつくる以前に大切なこととは？
- キャッチコピーはどんな風につくったらよいのか？
- キャッチコピーが書けると、どうなるか？
- キャッチコピーにはどんな技があるか？
- キャッチコピーを活用するためのデザイン力とは？

　広告宣伝、販売促進と一口に言っても、何から始めたらよいのかわからない、誰に頼んだらよいのかわからない、何がインパクトあるのか、何をしたら効果が上がるのかわからない。ほとんどの方がこのような悩みを抱えています。
　そんな中、広告のプロでもないあなたが、**広告の効果を上げるための突破口を手に入れるとしたら、それは、間違いなくキャッチコピーです。**
　キャッチコピーは「言葉」です。私たちは言葉を通して、初めて思考します。だから、人同士がコミュニケーションをするためのもっとも基本のツールも言葉なのです。何よりも、ペン一本さえあれば、いつでも、どこでも、誰でもつくれます。

　さあ、今からあなたは「地域で一番のコピーライター」になります。そのためには、"見たくないもの"を見なければいけませんが、こんな世の中、自分のマインドの持ち方が一番大切ですから。
　え？　どういう意味かって？　それは、読んでもらえればすぐにわかりますとも。

2011年1月　　　　マーケティング戦略デザイナー　加納裕泰

お客の心をつかむ
言葉のテクニック

**一瞬で売れる！買わせる！
キャッチコピーのつくり方**

CONTENTS

プロローグ──ロレックスを3倍売り上げた伝説のポスター

1章 一行のキャッチコピーが、店・会社の未来を変える！

あなたの商品が売れない原因は「キャッチコピー」だった … 14

「なぜか売ってしまう人」だけが知っている、
お客様へのたったひとつの質問 … 16

私たちはなぜワイドショーやニュースに目を奪われてしまうのか？ … 18

儲からない経営者の「言葉づかい」と「であるべき発想」… 20

意味のない言葉は、もういらない … 22

コンセプトなくして広告宣伝・販売促進はありえない … 24

コンセプトが明快になれば、どんどん売れる！… 26

キャッチコピーが変わるだけで、店・会社の業績が変わる … 28

2章 お客様を虜にするキャッチコピーの秘密

最初の一言で呼び止められるか？ … 32

視点をシフトする … 34

想像させるシーンは二つしかない … 36

あまのじゃくに発想する … 38

ターゲットが響く言葉を知っているか … 40

ターゲットをさらに細分化する … 42

わからなければお客様に聞いてしまう … 44

お客様は名コピーライター、ですが… … 46

まずはコンセプトから決める … 48

`WORK` コンセプトシートづくりの実際 … 50

3章 売れるキャッチコピーは、結局あなたにしかつくれない

その言葉はお客様を「ケア」できているか … 54

あなたにしかわからない専門性にこそ答えが隠れている … 56

自分の歴史を見つめ直してみよう … 58

これからの時代に必要な「タグライン」とは？ … 60

「タグライン」を持てるかどうかでお店・会社の未来が決まる … 62

今、売れているものがあなたのコンセプトになり、タグラインになる … 64

読ませるためには型を知る … 66

一行目を読ませるために、あなたがすべきこと … 68

売れるキャッチコピーが書ければ、自分のお店・会社が見えてくる … 70

| 実践付録 | 困った時のキャッチコピー発掘法 |

驚きをそのままに … 74

自分がお客になってみる … 76

本屋へ行ったらココをチェックする … 78

とりあえず誰かに相談してしまえ … 80

偉人の言葉をご拝借 … 82

さらにおまけ
知っている人はもう使ってる！
一瞬で売れる！買わせる！キャッチコピーひな形30 … 84

4章 売れるキャッチコピーはこうつくる！
―媒体別キャッチコピー大百科―

何はなくともコンセプト … 92

媒体によってターゲットも響く言葉も違う … 94

販促力は演出力 … 96

地方、中小の販促展開はリレーションと立体展開だ … 98

日本を変える仲間たち「反響商魂研究所」… 100

チラシ・DM編

1 包み隠さず全部吐き出す … 102

2 お店を整理できているか … 104

3 キャッチの法則 … 106

4　見た目も大事 … 108

5　どんな見た目で何を言うか … 110

レター・冊子 編

1　作文が苦手でも大丈夫 … 112

2　レターはよくも悪くも個性のかたまり … 116

3　「である」べき発想を捨てる … 118

4　「気」承転結があなたの個性 … 120

ニュースレター 編

1　とにかく続けることが大切 … 122

2　売るのではなくさらけ出す … 124

3　楽しめば楽しむほど社員もお客も変わる … 126

ホームページ 編

1　やっぱりコンセプト … 128

2　トップページで全部言ってしまえ … 130

3　ホームページは売るのではなく納得させる … 132

小枠広告 編

1　キャッチコピーだけで勝負 … 134

2　伝えることはたったひとつでいい … 136

3　最も効果的な記事広告 … 138

4　小枠広告は入り口でしかない … 140

パンフレット・カタログ 編

1　コンセプト、使い方が形状を決める … 142

2　お店・会社そのものを表現しよう … 144

3　パンフレット・カタログは飾りじゃない … 146

名刺 編

1　世界で一番小さくて強力な武器 … 148

2　肩書きひとつで仕事が変わる … 150

POP広告 編

1　今言わないでどうする？ … 152

2　2秒でつかんで背中を押せ！ … 154

3　手書きに勝るものはなし … 156

看板 編

1　郊外店と店舗密集地帯 … 158

5章　合わせ技で大反響！キャッチコピー＋αの活用法

ライバルを出し抜く販促ツールの決定打とは？ … 162

合わせ技の基本は「火に油を注げ」… 164

写真 編

1　写真を組み合わせればクオリティが段違いになる！ … 166

2　写真はプロにお任せ、あなたは言葉で魅せてやれ … 168

3　究極は「一人ごっつ」… 170

4　新聞・雑誌は資料の宝庫だ！ … 172

5　「ストックフォト」でイメージトレーニング … 174

6　意外に使われている「ストックフォト」… 176

イラスト 編

1　イラストもプロにお任せ … 178

2　警戒心をほどくムードメーカー … 180

3　「思わせてしまう」イメージ戦略 … 182

4　使ってはいけないイラストとは？ … 184

デザインテクニック編

1 文字をデザインする … 186
2 店頭は言葉の戦場、あの手この手で敵がやってくる … 188
3 色にもいろいろありますが … 190
4 キャッチコピーは感情のデザインだ … 192

エピローグ —— 最終章に代えて

カバーデザイン：新田由起子 (ムーブ)
本文デザイン　：松好那名 (matt's work)
本文イラスト　：加納裕泰、小川アヤ子

1章

一行の
キャッチコピーが、
店・会社の未来を変える!

- あなたの商品が売れない原因は「キャッチコピー」だった

- 「なぜか売ってしまう人」だけが知っている、
  お客様へのたったひとつの質問

- 私たちはなぜワイドショーやニュースに
  目を奪われてしまうのか？

- 儲からない経営者の「言葉づかい」と「であるべき発想」

- 意味のない言葉は、もういらない

- コンセプトなくして広告宣伝・販売促進はありえない

- コンセプトが明快になれば、どんどん売れる！

- キャッチコピーが変わるだけで、店・会社の業績が変わる

あなたの商品が売れない原因は「キャッチコピー」だった

え？　そんなことが原因なの？
キャッチコピーさえよけりゃ売れるの？

いえいえ、もちろんそれだけではありませんよ。では、もう少し詳しくご説明しましょう。

世の中には、人をだましたりするいわゆる"悪い人"がいますよね。でも、口だけうまくて中身の伴っていない人がいずれ愛想を尽かされるように、インチキ商売では、いくら口八丁な人であっても、お客様にはいつかバレてしまう。そんなものですよね。
しかしです。
どんなにいい商品を扱っていても、どんなに正しい商売をしていても、やはりそれをターゲットに伝えなければ意味がありません。
伝わらなければ広告も、商品さえもすべてゴミと同じです。

商品を買ってほしいターゲットに届くように伝える、これはマーケティングの基本中の基本ですが、どうもこれができていない人が多いようです。
不思議なもので、普段話す時には結構みなさん上手なんです。たとえばこんな会話。

「ねぇねぇ、知ってる？　お向かいの渡辺さん！」
「え？　なになに？　どうしたの？」
「昨日の夜ね、ものすごい剣幕で奥さんがうちに来たのよ」
「え？　なんで？　なんで？」
「聞きたい？　実はねぇ……」

なんてやりとり、日本全国どこの井戸端からも聞こえてくる会話ですよね。あなたも今、この先が少しだけ気になったと思います。

それなのに、これを文章で書こうとすると、なぜか、

「昨日の夜、渡辺さん夫妻が子どもの進学をどうするかで、離婚問題に発展するほどの大げんかをしていた」

なんて、日記調に書いてしまうわけです。

販促ツールづくりには欠かせないもの。それがターゲットへの最初の問いかけ、つまり第一声、いわゆる「キャッチコピー」です。

どう問いかけるかで、ターゲットが興味を持つか持たないかが決まってしまうということです。

でも、心配はいりません。

そもそも、いい商品を扱い、正しい商売をしていることと、宣伝文句がうまいのとは、まったく別の能力です。だから、マーケティングが学問として存在しているわけです。

あなたが持っているその商品力を、ターゲットが振り向いてくれるような言葉にすることができるか？

この本は、そこだけに注力していきます。

だって、あなたの商品はどこへ出しても恥ずかしくないんですから、それを必要な人に「あるよー！」と伝えればいい。

ただそれだけです。

Point 目の前に相手がいることを想像して
話し言葉でキャッチコピーを書いてみよう。

「なぜか売ってしまう人」だけが知っている、お客様へのたったひとつの質問

　トップセールスマン。社会へ出てからは、こう呼ばれる人たちにとても憧れたものです。私は東京でのサラリーマン時代、社内でも1、2を争う営業マンにデザイナーとしてよく同行していたのですが、どうにもこうにも彼らが売れる秘訣がわからないのです。

　このトップセールスマンたち、商談時によく観察してみると至ってふつう。というより、むしろちょっと口数が足りなくて、いっしょに話を聞いていると眠くなってしまうくらい。
「なんでこの人たちは、会社でトップクラスの売り上げを上げられるんだろう？」
　それから私は、長い間そのことを本気で悩んでいました。
　そして、あるクライアントのところへ営業同行した時のことです。聞くところによると、相手先の担当者は販売員から始め、各地で支店長を歴任し、ついには取締役までのぼり詰めた叩き上げの人物ということでした。お会いしてみると、口ひげをきれいに整え、長い白髪を縛り、赤のボトムを履いていらっしゃるとても印象的でおしゃれなおじ様でした。
　話し好きな方で、私と同行していた営業マンにいろいろな武勇伝を聞かせてくれました。
　暴力団紛いの連中との攻防戦や、新人時代の苦労話、お客様のもてなし方など、それはそれは息をつく暇もないほどの面白さでした。そんな中、
「あのね〜、みんな商売がヘッタクソだで、いかんわ。お客さんに聴くことはひとつだけでええの。何かわかる？」
　おそるおそる首を横に振る私たちに、
「いい？　何に困っとるかを聴きゃあええの。それでお客さんがほ

しいって言ったもんを提供すりゃええんだわ」

ん？　あっ！　そうか！　そういうことだったのか！　あのトップセールスマンたちの口数が少なかった理由はこれだったんだ！

私は、その時ようやくわかりました。私が長い間悩んでいた問題が一気に解けていきました。

彼らトップセールスマンたちは、クライアントから**「何に困っているのか」**をひたすら**「聴いて」**いたから、彼らがあまり話しているように見えなかっただけだったのです。

できる営業マンは話すんじゃなくて「聴いていた」のです。この「聴く」は"**注意深く耳を傾けて聞く**"という意味です。まさに「聴く」のが営業マンの仕事だったのです。

よく考えてみれば、私たちは日常会話でも同じことをしています。たとえば、元気のなさそうな友人や家族を見かけると、
「どうしたの？　何かあった？」
と、何気なく聴いているじゃあありませんか。そう、もうやっているんですよ、私たちも。そうやって聴かれると人は悩みを話したくなるものなのです。

売れるキャッチコピーのヒントを、私たちは自分の中に持っているかもしれません。何気ない生活の一場面を注意深く見つめてみる。そんなことから始めてみてはいかがでしょう？

キャッチコピーは自分の言いたいことを言うのではない。お客様の知りたいことを書くのだ。

私たちはなぜワイドショーやニュースに目を奪われてしまうのか？

　テレビの中は、見ている人をいたずらに煽る言葉で溢れています。たとえばゴシップ満載の芸能ニュース。
　電撃入籍！　電撃離婚！　衝撃の事実！など。
　やたらと刺激的な言葉で私たちの目をひきつけようと必死です。「またか！」「くだらねぇなぁ」と思いながらもついつい見てしまうのがゴシップネタ。
　でも、販促、宣伝の力が必要な私たちは、この目を向けさせようとする姿勢とテクニックだけはお手本にしないといけませんね。

　電撃かどうかの内容はともかくとして、やはり**「気になってしまう仕掛け」**が存在しているようです。
　テレビの報道ニュースもそうですね。なぜか「ん？」と見入ってしまう仕掛けが隠れています。
　それが**「ダイジェスト」**です。ダイジェストは、もともと書物をわかりやすく要約することを言います。
　どんなニュースやネタでも、必ずこのダイジェストを踏んでから「それで……」という形で中身を詳しく伝えていくのです。
　だから、最初のダイジェストで興味のない人はそれ以上見ませんし、気になる人は「ちょっと、音量もっと大きくして！」となるわけです。

　あなたがキャッチコピーや宣伝文を考える時、

・あなたの商品を的確に要約できているか？
・果たしてその要約から消費者の興味をひける商品なのか？

と、自分自身に問いかけなければなりません。

さて、要約と言っても、そう簡単には書けませんよね。そこで、下記に簡単に要約を導き出せる公式を用意しました。これで、あなたの商品の宣伝文をつくってみてください。

 Point あなたの商品とサービスをダイジェストで説明できるか？

○○○(ターゲット層)が、

○○○○○(効果・得られる結果)できる

○○○(一般的な商品カテゴリ)、

それが○○○○○(商品名)

儲からない経営者の「言葉づかい」と「であるべき発想」

　ポストに入っているダイレクトメール（DM）。開けてがっかりするものが少なくありません。そのキャッチコピーや文章に。

　気合はわかるんですけどね、たとえば手づくりの菓子店のセールDMでいきなり「平素は格別のご愛顧を承り〜〜」なんて書いてあったら興ざめしませんか？

　もう「平素は格別」くらいで読みませんよね。さっさと写真や値段に目を通します。そこで、もう目を離せないくらいおいしそうな写真と、今にも買いたくなるような魅惑的なキャッチコピーなんかがあれば、注文しちゃうかもしれませんけど……。

　でも、「平素は格別の〜〜」なんていう形式ばった言葉からは、手づくり感とか、その人その店のパーソナリティは感じられません。明らかに無難なあいさつ文を業者につくらせた感、または「あいさつはこうでなければいけない」という型にはまった「であるべき発想」をありありと感じます。それでは消費者はぐっと来ないんですよ。

　ちょっと考えてみてください。粋な人、魅力的な人というのは、発する言葉もやはり魅力的だと思いませんか？

　ずいぶん前になりますが、私が住んでいる町で作家の椎名誠さんの講演会がありました。ファンの私は、とても注意深くそのお話を聞いていたのですが、さすが聴衆を一瞬で話の中に引き込む術をお持ちでした。

　椎名さんは片手をポケットに突っ込み、ゆっくりと歩いてステージに現れました。その足どりはのっし、のっし、といった感じ。そして、はたと立ち止まります。と思ったら、おもむろにステージ

セットのグリーンに触ったりしてなかなか話し始めません。すでにちょっとおかしくて会場からは笑いが起こるんですが、その後ゆっくりとマイクの前に立ち、何事もなかったかのようにぼそぼそと話し始めたのがまたおかしな光景でした。

　初めは彼のエッセイのようにゆったりとした口調なんですが、世界を旅してきた話が佳境に入ると、日本のモノが溢れ過ぎている環境を憂いて、教育問題にも言及し始めます。そして次第にメッセージが熱くなっていきます。聴衆は身を乗り出して聞き入っています。話が終わった時はもう拍手喝采。

　作家さんですから、当たり前と言えば当たり前なんですが、型にはまらない登場の仕方と、**飾らない言葉で話す自然体の魅力**。しかし、芯のある普遍的な強いメッセージを最後は聴衆に投げかける。盛り上げておいて「もっと聞きたい！」というところで話を終える。

　ストーリーが完璧なのです。

　販促ツールもこれと同じです。文例集丸写ししたあいさつ文では誰も見てくれやしません。**自分なりの言葉**でメッセージをきちんと伝える。顔の見えない相手に話しかけるのですから、目の前にいる人に伝えるのより、もっと難しいのです。

　相手の心にぐっと伝わる言葉は、文例集には載っていないのです。

**Point　キャッチコピーの最初の問いかけは意外性。
自分の言葉で問いかけよう。**

意味のない言葉は、もういらない

あなたはEメールを使いますか？　そりゃ使いますよね。

どうやらEメールはビジネスや商売において、すでになくてはならないものになってしまったようです。

確かに、電話ほど相手の邪魔をしないし、自分の伝えたいことだけが言える。それに、送信ボタンを押すまではいくらでも修正が利くなどという利点もある。

しかし、携帯電話やインターネット同様、相手との時間や距離を圧倒的に縮めたことには変わりがありません。

たとえばメールアドレスを名刺に載せてしまったら、それはイコール、

「メールなら確実に連絡がとれるんですよ、私は」

と宣言しているようなもの。この認識はもはや暗黙知。相手との時間や距離を圧倒的に縮める、それは言ってみれば、互いに自分に関係のある情報だけを都合よく得る・渡すということ。もちろんそれを悪いと言うつもりはありません。

しかし、メールだとほとんどの人が必要な情報だけを淡々と伝えるという表現になっているのは確かです。だからむしろ、人格がわかりやすく出てしまうのがEメールなのかもしれません。

Eメール同様、私たちは物事の時間を短縮し、生活を楽に、快適にするために便利なツールを使っているはずなのに、むしろ、それらから押し寄せる情報に飲み込まれ、情報過多になり、その解決策を求めてまた新たなツールを探すという生活を送っているかのようです。皮肉なものです。

だから私たち現代人は、自分にとって必要だ、という「意味」を感じさせない情報は、すぐに切り捨てる思考になってきています。

ということは、広告の発信する言葉は、もっともっと「求心力」が必要になってきたということです。

　情報が切り捨てられていく状況の中で、お客様の心に強く残る「本質を突く」言葉を選択する必要が出てきました。当たり前のような常套句では、ただの「記号」と変わらないのです。

　よりパーソナルに働きかける言葉が、結果的に多くの人をひきつける。そうしたタイプのキャッチコピーが、すでに数年前から目立つようになってきました。「自分の半径1メートル以内の出来事をつぶやいたコピー」とでもいうようなものです。

あ、緊張してる。私のお父さんに緊張してる。こういう顔もするんだぁ。

「オマエ」って呼ばれてうれしかったのは最初だけ。「オマエ」禁止。

バラエティ番組。笑いのツボが同じ。それ重要！

　これらは、東海地方の結婚式場のCMです。結婚間近の40人の女性が語った言葉を、白背景に文字だけで表現していました。駅構内ポスターもあったと思います。この手法は、その後、いくつかの広告で使われたようです。

　いかがですか？　それこそEメールでやり取りするような身近に感じる言葉ですよね。だから共感できるのかもしれません。

Point　キャッチコピーはターゲットを具体的に誰かを思い浮かべ、その人だけに語りかけるように書く！

コンセプトなくして
広告宣伝・販売促進はありえない

　マーケティングや提案書づくりなどでよく使われる「コンセプト」という言葉。あなたはキャッチコピーや文章をつくる上で、このコンセプトを意識してつくったことはありますか？
　私が販促ツールやデザインを依頼された時、まず確認することはこのコンセプトです。この確認を最初に行なっておかないと、プロジェクトが糸の切れた凧のようにコントロールが利かなくなってしまうんです。
　どういうことかと言うと、**コンセプトはあなたの商品が存在している理由**だからです。
　「なぜ、その商品がこの世にあるのか」。なんだか大げさに聞こえますけど、根源的で絶対に必要なことです。

　「必要は発明の母」とエジソンは言いました。商品開発の裏話には、開発者のこんなものがあったら便利なのに、という思いから生まれ、ヒットしたものも少なくありません。
　ということは、キャッチコピーや文章で、あなたが扱っている商品を売っていくためには、その商品を使うと想定される消費者の「そうそう、それがほしかったのよ」という同意を得られるような問いかけがなければならないということです。
　それを売る側がわかっていない、そしてそれが明文化できていない商品を売ることはできないのです。

　どんなにスペック（仕様・性能）がよくなっていっても、それを使う側が「必要性」を感じなければ、その商品は販促をかけるだけムダ、ということです。
　たとえば、補聴器。どんなに音質がよくても、バカでかいもので

はつけたくないですよね。できるだけ小さく目立たないものになったからこそ、お年寄りが気軽につけることができて、以前のように会話ができ、コミュニケーションがとれるから積極的に人生を送ることができるのです。

補聴器は音質の追求が本質的なコンセプトではないはずです。

あきらめかけていた人生をまた楽しめる。これが、正しいコンセプトだと思います。

コンセプトは、**消費者の暮らしの中にある本質的な喜び、楽しみ、問題を解決できる方法を力強く提示すること**。これに尽きるのではないでしょうか。

私はこのコンセプトに、あなたなりの商品やサービスに対する姿勢、ファッション性、デザイン性、操作性、使用感などがたくさんまわりを取り囲んでいる、こう考えます。

だから、私が広告をつくる場合は、そのまわりにあるものをまず除くことから始めます。根源的な消費者の欲求を満たしているものなのかどうかを探る。それがコンセプトを確認する、ということなのです。

あなたもぜひ、もう一度商品のコンセプトを確認してみてください。すごく頭がすっきりするはずです。そうすると、販促戦略で何を軸にしていったらいいかが、すぐわかるはずですから。

**Point　キャッチコピーはコンセプトそのもの。
そして、コンセプトとは、あなたの商品・
サービスの存在理由そのものだ。**

コンセプトが明快になれば、どんどん売れる！

　では、コンセプトのわかりやすい例をご紹介しましょう。

　右ページのチラシは以前制作したデザイナーズハウスのチラシです。近隣に7万枚折り込んで、60組以上を集客したチラシです。今ではこの「デザイナーズハウス」というネーミングがすでに市場化していますよね。

　住宅業界ほどコンセプトが売りになる業界はないと言ってもいいのでは、とつくづく思うのです。なぜかと言うと、ほとんどの人にとって「家」は一生に一度の買い物です（これも使い古された言葉ですが）。ハウスメーカーを選ぶにあたっては、「今日の昼飯はどこで食べる？」なんて迷いとは比較にならないほど神経を使っているはずです。そしてわからないことだらけで不安がいっぱい。売る側に対する消費者の心理的な壁は相当に高いはず。

　「家を買う」ということはお客様にとってどういうことなのかを、売る側が肝に銘じてコンセプトを提示しなければいけません。家を売るということは、お客様の人生を支えるということです。そこに向き合っていないのに、工法や仕様だけを前面に押し出した広告が多過ぎるのです。お客様の人生に向き合っていない。

　では、**お客様の人生に向き合った広告**とは何でしょうか。

　その姿勢を見せるには、まずは名乗って自分の顔を出す、嘘のないお客様の声を載せ、心理的な壁を取っ払えるほどの保証を載せる、自分たちの言葉でメッセージを綴る……。その上で家づくりの特長をうたうべきです。

　お客様の人生に向き合っているから、特長が研ぎ澄まされているのです。特長とは、この例で言うところの「デザイナーズハウス」

です。デザイナーズハウスは、もちろんコンセプトの大きな柱ですが、それを支える企業姿勢がコンセプトになっていないと、内容がとても薄っぺらなものになってしまうのです。

　誤解を恐れずに言ってしまうと、住宅のような高価な商品が売れるのなら、あとは何でも売れる、私はそう思っています。

　コンセプトが明快だと、メッセージが強くなります。だから多くの人を引き寄せ、結果的に売り上げが上がるというわけです。

**Point　伝える物語のない商品は、
　　　　どんなに言葉を取り繕っても売れない。**

当時はほとんどなかったデザイナーズハウスだったことと、全体をセピアカラーでまとめ、情報を出し惜しみしたことも功を奏したのか、インパクトがかなり大きかったようです。ただし、裏面にはたくさんの家の写真が載っていて、魅力をきっちりうたってあることも重要です。

キャッチコピーが変わるだけで、店・会社の業績が変わる

　キャッチコピーが変わっただけで業績が伸びる。プロローグの例（店内広告だけで部門売り上げが前年比300％アップ）はまさにそういうことでした。

　先述のデザイナーズハウスは、この工務店との初めての仕事でしたが、クライアントは経験したことのない集客数に驚きを隠せない様子でした。

　もちろん、その後のお付き合いでは成功もあれば失敗もありました。何度もいろいろなテーマでチラシや広告を作成しましたが、失敗した時というのは、見込み客をストックするために無理やりつくったイベントチラシ。これはやっぱりお客様に見透かされます。集客が1日2組だった時には、さすがに私もへこみました。

　私たちデザイナーは、クライアントのねらい（目的）をツールに具体化することが仕事ですから、クライアントからもその思いやねらいを私たちに本気で投げかけてもらえないと、メッセージは強くならないのです。

　キャッチコピーの訴える力が強く、正しく変われば、業績も上がります。しかし、キャッチコピーを変えるには、それに合わせてその企業姿勢が変わらないといけません。パパママストアや中小零細企業なら社長自身のロマンの問題です。ここまで読んでもらっていればもうおわかりですね？

　コンセプトをもう一度整理してみましょう。

　コンセプト＝商品の存在理由＝ターゲットの根源的欲求＝問題解決の方法＝企業姿勢

　これらが強く「本質を突く」キャッチコピーをつくる真髄だと思ってください。

1章 まとめ

◎売れるキャッチコピーには「ワケ」がある

キャッチコピーの効果を上げるには、ただ頭を抱えて言葉をひねり出しているだけではダメ。文章に文法があるように、まずは、キャッチコピーをつくる思考法を知りましょう。

◎キャッチコピーをつくる5つの思考法

1　自信を持ってはっきり言う。曖昧な物言いをしない。
2　「自分の言葉」「話し言葉」で書く。文例集で人の心を打つキャッチコピーは書けない。
3　自分の言いたいことではなく、相手が聴きたいことを書く。
4　誰かを思い浮かべて、その人だけに語りかけてみる。
5　軸がぶれない明快なコンセプトを持つ。コンセプトが明快ということは、考え方に一貫性があるということ。だから出てくるメッセージが強く、迷いがない。

◎コンセプトとは？

コンセプト
　　＝商品の存在理由
　　＝ターゲットの根源的欲求
　　＝問題解決の方法
　　＝企業姿勢

2 章

お客様を虜にするキャッチコピーの秘密

- 最初の一言で呼び止められるか？
- 視点をシフトする
- 想像させるシーンは二つしかない
- あまのじゃくに発想する
- ターゲットが響く言葉を知っているか
- ターゲットをさらに細分化する
- わからなければお客様に聞いてしまう
- お客様は名コピーライター、ですが…
- まずはコンセプトから決める
- **WORK** コンセプトシートづくりの実際

最初の一言で呼び止められるか？

　では、お客様の心を虜にするようなキャッチコピーをつくっていきましょう。

「そんな簡単につくれるなら誰も苦労なんてしないって。だいたいプロのコピーライターでもないのに、そこまでレベルの高いキャッチコピーなんてつくれるわけないじゃん……」
　と思われた方。最初からあきらめムードが漂ってますね。
　しかし、この本を手に取ったわけですから、やっぱりあなたは自分でつくらなければならない状況に置かれているはず。
　大丈夫。あなたにもちゃんと「お客様の心を虜にするキャッチコピー」はつくれますよ。いえ、むしろあなたにしかつくることができない、そう言ったほうが正しいかもしれません。
　そもそも中小パパママストアの広告は市場も小さく、顧客との密着度も高いので、現場に従事している人ほど、本来はお客様の動向や心をつかめるはずだからです。
　常連さんをはじめ、客層はつかめているはずですよね？
　だから、あなたも自信を持って取り組んでほしいのです。

　さて、キャッチコピーというのは**「最初の一言で呼び止める」**ためにあるものです。なんて言われてしまうとすぐ、
「やっぱりインパクトがないとだめなんだ！」
「インパクトがある言葉とは何だろう？」
　と考えてしまいがちですが、その程度ではお客様の心は虜にできません。
　中小パパママストアの広告は一回一回が大勝負です。大企業のように、手を変え品を変え何度も挑戦できるわけではありません。あ

なたの一言でお客様が一瞬で**すべての行動をやめ、あなたの言葉に意識を奪われる状態をつくる**。そんな言葉を見つけ出すことが、必要なのです。

　そのためには、キャッチコピーのつくり手であるあなたがまず、**今までの視点を「シフト」する必要があります。**

　自己表現をクリエイトする時（本書ではキャッチコピー）、素人がする失敗の多くは、このシフトをしないまま本番に挑んでしまうことです。ふだん運動しない人が練習も準備運動もしないでフルマラソンに挑むことができるでしょうか？　言わずもがなですね。一歩間違えれば命取りです。

　お客様の心をつかむキャッチコピーをつくるのも一緒です。そのクリエイティブを生み出すための基礎体力をつけなければ土俵には立てないのです。それがこの**視点のシフト**です。

　ご心配なく。決して難しくありません。次項では、その具体的なシフトの方法を書いていきます。

> **Point**
> キャッチコピーをつくる前には準備運動が必要だ。
> 準備運動とは、今までとは違う視点で考えること。

めざせ！イチコロ
キャッチコピー

さあ、つくり方（準備運動）を知って目標を達成しましょう！

視点をシフトする

　さあ、では視点のシフト方法を説明していきます。はっきり言いますが簡単過ぎて、きっと目からウロコですよ。

シフト1. あなたが言いたい情報は、お客様が知りたい情報か？
　当たり前のようですが、ここを間違えている人が最も多いのです。ほとんどの人は「自分が言いたいこと」だけを言ってしまっています。会話のコミュニケーションで、自分のことばかり話す人に誰も好感は持ちませんよね？「お客様が本当にほしい情報か」を常に自分に問いかけること。この癖をつけましょう。

シフト2. あなたが言いたい言葉は、印象に残るか？
　前項でインパクトを否定したかのようですが、決してそういうわけではありません。実は、寝ても覚めてもインパクト。インパクトがなければ誰も振り向いてなどくれません。といっても、ショッキングな物言いだけがインパクトを与えるのではありません。静かな物言いでも、常識的には使わない言葉をあえて使ってみる、というような「意外性」がインパクトを与えるコツです。あなたは普段、どんな言葉にインパクトを受けるでしょうか？

シフト3. あなたが伝えたいターゲット（顧客層）は、間違えていないか？
　ここを間違えると、ターゲットにとってはチューニングの合わないラジオを聴いているようなものです。響くはずの言葉も、聞こえないのでは意味がありませんね。逆に言えば、ターゲットさえ合えば、俄然響きやすくなる、ということです。

この三つを常に意識するようにしてください。

要するにこのトピックでの鍵は**「客観性」**です。キャッチコピー、またデザインにも言えることですが、つくり手が意識しておかないといけないのは客観性です。まずは理解することから始めましょう。

あなたが広告を打ちたいと思ったテーマや内容を、この三つの視点で検証してください。それだけでかなり情報の精査ができるはずです。今までは思いつきもしなかった言葉も、浮かんでくるかもしれません。

これは人とコミュニケーションをとる時の「心持ち」の話です。

どうですか？　今まであなたが使っていたフレーズは、自慢話の独りよがりの無意味な言葉の羅列だったのではありませんか？

そこに気づけば、まずは準備運動の完了です。

> **Point**
> 自分を背中の後ろからのぞくようにして、もう一人の自分に質問してみよう。
> 1．その情報は、相手が知りたいことか？
> 2．その言葉は、印象に残るか？
> 3．その言葉には、誰が振り向く？

あなたの言葉は、ちゃんと伝えたい人に届いているでしょうか？

想像させるシーンは二つしかない

　さて、あなたが「客観性」という基礎体力を身につけたら、次は具体的な練習に入っていきましょう。
　練習するにも、環境は大切ですよね。プロスポーツの選手が、冬に沖縄のような温暖な地域で練習を積むのは、より効果的な環境をつくるためでしょう。
　では本書でいう練習のための環境とは何でしょうか？
　それは「天国と地獄」の場面設定のことです。
　どういうことかというと、**あなたのターゲットにキャッチコピーで語りかける時に、ターゲットの心に醸成させるシーンのこと**です。
　もう少し噛み砕いて説明します。

　まずは地獄のシーン。
　人は、楽な方向に傾きます。ほとんどの人は、イヤなことには目を向けたくありません。見たくない現実にはふたをするのが人間。
　そして、喉元にナイフを突きつけられるその瞬間になって、ようやく自分の置かれた状況に気づくのです。
　これが地獄のシーンです。そのシーンを突きつける役割があなたの広告宣伝です。そして、あなたの商品やサービスでこの地獄を回避できます、というメッセージが提案になり、その表現がキャッチコピーになるわけです。たとえば、

**　この中の３つ以上の項目が当てはまったら、あなたの家はすでにシロアリが繁殖しています。**

　こういうのが最もわかりやすい例でしょう。

この前に、いくつかの症状を羅列してチェックさせ、自分の状況を確認させた上で、現実を突きつける。
　もちろんその後で「じゃ、どうしたらいいの！？」という顧客心理に応える商品やサービスの内容をつくっていくことが大切です。

　そして天国のシーン。
　これはもう単純です。あなたの商品・サービスを利用したら、こんな楽しいこと、あんなうれしいこと、とびきりの「豊かな暮らし」を演出することです。夢を見させてください。そしてそれが現実となるんだ！　という実感をください。それが人の心を動かす原動力となります。

家族みんなで眠る幸せ。

　これは、通販雑誌で、実際にふとんの広告に使われているコピーです。小さい子供がいる私などには、見ただけで顔がほころんでしまい、思わず目を留めてしまったページです。

　このように、基本的には二つのシーンのどちらかを醸成すればいいのです。こういう顧客心理、つまりキャッチコピーが効果的に届く環境づくりも知っておかないと、方向性がわからなくなり、的を射ていない言葉になってしまうのです。
　その環境を頭に入れた上で、キャッチコピーをつくる練習をする。キャッチコピーは普段使う言葉でいいんだと、闇雲につくるのではないということです。

あまのじゃくに発想する

　あまのじゃくとは、ご存じのように、わざと反対のことをすることです。へそ曲がりのことですね。これも先ほどの基礎体力、視点のシフトと同様、こうした発想でモノを見ることが大切、という話です。

　しかし、あまのじゃくと言っても、ネガティブにモノをひねくれて考える、という意味ではありません。何事もプラスに転換して考えよう、という意味のあまのじゃく発想です。

　私のところへ来る依頼の多くは、商品が売れないから販促を立て直したいという方です。そんな場合、たいていのクライアントはすでにネガティブな発想になりがち。こちらの提案にもなかなか思い切って行動できない状態にあります。本来の顧客動向、消費者の心理を冷静に判断できないことだって大いにあります。

　こういう場合クライアントが考えることは、「広告で少しでもイメージアップを」とか、「プロに頼んでまったく違うイメージにすれば売り上げが上がる」なんて本気で思っている人もいるのです。

　しかし、それは大きな間違いです。広告の表現をちょっといじったくらいで売り上げが変われば誰も苦労なんてしません。もちろん、そういう場合もないわけではありませんが、本書ではそれを推奨するわけではありません。

　そうではなく、**あなたの商品の本当の魅力を引き出して、それを目いっぱい表現することがねらいです**。そんなポジティブな発想のことを、私はクライアントのネガティブな姿勢にわざと反対して考えてみているのです。

これは、クライアントと打ち合わせする場合、最初に私が入り込む視点です。これで、たいていは突破口が見つかるものですが、大きく分けて２種類の考え方があります。

　ひとつは、商品そのものが時代に受け入れられない流行遅れの場合。これはいかんともしがたい。あきらめていただかざるを得ません。

　しかし、商品に本当の魅力があり、まだまだクライアント自身がその可能性に気づいていない場合。このパターンがとても多くあるのです。だから、あなたも心配しないでほしいのです。

　こんな例もあります。老舗のあられ菓子屋が売り上げに悩み、相談にいらっしゃいました。二十年以上も前から扱っている商品を「昭和の遺物」と卑下し、もう時代遅れだと、お店を閉めようと思っているほどでした。しかし、二十年も前のものなら逆にその懐かしさを売りに「レトロ化」することができます。

子供の頃、おばあちゃんからもらって食べた なつかしい味

　実際のお客様の声にはこの類のメッセージが多く、ここをアピールしない手はないわけです。すると、デザインのアプローチも、ちょっと昭和レトロな雰囲気を持たせたりすれば、ビジュアル的にもわかりやすくなります。

　そこから、このあられ菓子屋も商品への自信を取り戻し、今では順調に商売を営んでいらっしゃいます。時代遅れと思われる商品でも、冷静に商品を見つめて発想すれば、道が開けるのです。

　私のクライアントもみなさん本当に一所懸命生きているのです。まじめに仕事に向き合い、いい商品をつくることに人生をかけています。それが世の人々のためにならないわけがありません。本来の商品のコンセプトからちょっとだけ外れているに過ぎないのです。そこを軌道修正するだけでも、ターゲットに十分届くのです。

ターゲットが響く言葉を知っているか

　あなたの売りたい商品を誰が使うのか？

　ターゲットが違えば、同じ商品でも響く言葉がまったく変わってきます。ここではキャッチコピーというよりは、方向性のキーワードととらえてください。

　わかりやすい商品で説明しましょう。もはや、財布よりも持っている人が多いのではないかと思うほど普及した「携帯電話」。

　下は小・中学生くらいから上は70歳を超えてもお使いになっている方はたくさんいらっしゃいます。ターゲットは、成人男女のほぼすべてと言ってもいいでしょう。

　ターゲットとするそれぞれの消費者が携帯電話に何を求めているかで、コンセプトがまったく変わってきます。すると、使う言葉もまるで違うものになります。

　60〜70歳代の高齢者層、私の母親などもそうですが、彼らは通話ができてメールが送れればそれでいいのです。その他の機能は必要としませんし、難し過ぎます。だから、使いやすいことを重視した「カンタンケータイ」が魅力的なのです。

大きくて見やすい文字

操作が簡単

誰でもできる

　こんな言葉にひかれます。

　また、働き盛りの男性は、その忙しさゆえ、どこにいても何でも

できる、というスマートさを重視します。2010年現在では、スマートフォンが活況で、生活環境、情報活用の仕方がまたもや激変しようとしていますので、知識をつけないと何を選んだらいいのかすらわからない大変な世の中です。これからは「自分の仕事、生活に何が必要で何が必要でないか」という視点をしっかり持っていないと、完全に時代に振り回されることになります。ですから「何ができるのか」というシンプルな機能を直球で表現するか、「どうスマートに、スタイリッシュに活用できるのか」という部分にフォーカスするといいのです。

　一方、女性はかわいいものが好き。おしゃれなものが好き。ファッション性が重視されるので、端末のみならず、メールまでも「デコレーション」しています。

　機能が成熟してくると、デザインへのこだわりが顕著になります。大多数ではありませんが、持ち物こだわり派には、デザイナーの名前や、電話そのものの名前、映像が「アイキャッチャー」として重要になります。もちろん「デザインケータイ」という直球の表現が注目されやすいのです。

　子供へ買い与えるなら、「受信専用」「GPS機能」など、子供を見守るという親心がポイントになります。そんな親心を示すような言葉が必要になるのです。

> **Point**
> あなたの商品は、いったい誰が使うのか？
> その誰かは、ふだん何を考えているのだろうか？
> その誰かは、何に興味を持つのだろうか？
> その誰かに、何と言ったら振り向いてもらえるだろうか？

2章　お客様を虜にするキャッチコピーの秘密

ターゲットをさらに細分化する

　携帯電話では商圏が広過ぎますので、もう少し商圏の狭い例で説明します。たとえば、町の個人商店のメガネ屋ならどうでしょうか。

　メガネ屋なので、基本的なターゲットは「眼が悪い人」です。しかし、それだけではありません。眼が悪い人の中にも小中学生、高校生、大学生、社会人、主婦、おじいちゃん、おばあちゃんと、世代は多岐にわたります。
　そのメガネ屋が、フレームのデザインの豊富さが自慢のお店だったとしたら。若い女性の中には、眼が悪くても、自分のメガネをかけた顔が嫌いだという、食わず嫌いな「潜在顧客」はたくさんいます。
　地方の人口10万人以下の町では、市場が小さ過ぎますから、商圏を拡げるだけではだめです。「眼が悪い人」を「眼が悪い○○な人」にどれだけ細分化するか、です。中小パパママストアは、その専門性を売るために、商圏の広さだけでなくどれだけ深堀りできるかが鍵なのです。

　話をメガネ屋に戻しましょう。年頃の女性、自分のメガネ顔が嫌い、そういった女性へ、

**あなたは今まで、
似合うメガネを知らないだけだった……
フレームのデザインであなたを劇的メガネ美人に！**

　という問いかけをするだけで、市場開拓ができると思いませんか？

それでは、年配の方にはどうでしょう？

老眼鏡はデザインで選ぶ時代です！
10歳若返るメガネフレームの選び方お教えします

　老眼鏡という響きは、自分の老いに対してネガティブな気持ちを呼び起こすものです。しかし、こんな言葉ひとつを投げかけることで気持ちを前向きにさせることができる。キャッチコピーは、ターゲットを細分化するだけでここまで広がりが出るのです。

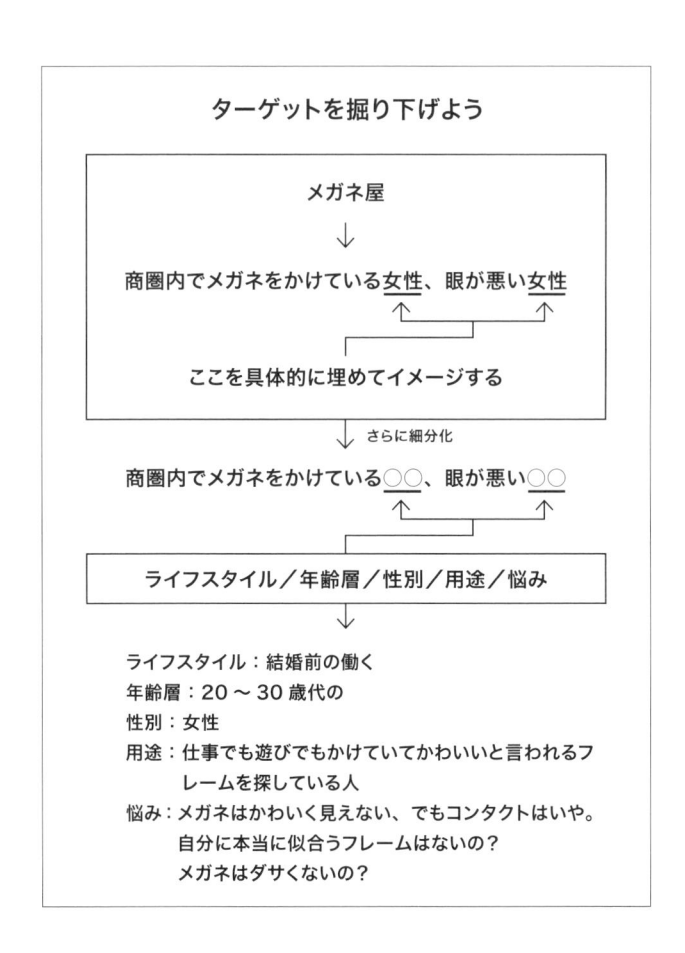

```
┌─────────────────────────────────────────┐
│         ターゲットを掘り下げよう              │
│                                          │
│              メガネ屋                     │
│                ↓                         │
│   商圏内でメガネをかけている女性、眼が悪い女性 │
│                ↑          ↑              │
│       ここを具体的に埋めてイメージする        │
└─────────────────────────────────────────┘
                  ↓ さらに細分化
   商圏内でメガネをかけている○○、眼が悪い○○
                ↑          ↑
   ┌──────────────────────────────┐
   │ ライフスタイル／年齢層／性別／用途／悩み │
   └──────────────────────────────┘
                  ↓
   ライフスタイル：結婚前の働く
   年齢層：20～30歳代の
   性別：女性
   用途：仕事でも遊びでもかけていてかわいいと言われるフ
         レームを探している人
   悩み：メガネはかわいく見えない、でもコンタクトはいや。
         自分に本当に似合うフレームはないの？
         メガネはダサくないの？
```

2章 お客様を虜にするキャッチコピーの秘密

わからなければ
お客様に聞いてしまう

　自分の店のお客様を細分化しても、キャッチコピーが見つからなかったら。
　心配する必要はありません。まずはお客様に聞いてみることです。
　さて、聞いてみる、とはどういうことでしょうか？　それは「お客様の声」を集める、ということ。そこから、見出しになりやすい言葉、印象に残る言葉をそのまま抜粋して、キャッチコピーにしてしまう。たったそれだけです。簡単でしょう？

　実は私も、今までクライアントのためにつくってきたキャッチコピーの多くを、クライアントのお客様の声からそのまま抜粋してきました。しかもこれが一番手っ取り早くてお客様に響きやすいのです。これだけは、騙されたと思ってぜひやってみてください。

　お客様の声は、いわゆる口コミと同じような効果があります。身近な人から、あらかじめ情報を得るほうが安心するのと同様、実際に使った人の声というのは、買おうとする側にとって背中を押してくれる格好の安心材料、というわけです。
　お客様の声、というのは、ＣＭやテレビショッピング、チラシ、ホームページでも、巧みに使用されています。よく周囲の広告を見てみてください。多くの企業がお客様の声を利用した広告展開をしているのがわかります。
　直接使わなくても、データとして表になっていたり、コラムとして別枠で設けられていたり。

　しかし、そうは簡単にいっても、今まで集めたことのない人は、

どうやってお客様の声を集めたらいいのか、どうしたらいいのかわからない方も多いでしょう（詳しくは私の前著『売れるチラシづくりのすべて』（同文舘出版）で、具体的なお客様の声の集め方を述べていますので、ここでは割愛したいと思います）。

　また、お客様の声を、どのように広告に利用するかは、本書中盤に収められている「実践付録　困った時のキャッチコピー発掘法」（74ページ）に掲載しています。そちらも参考にしてください。

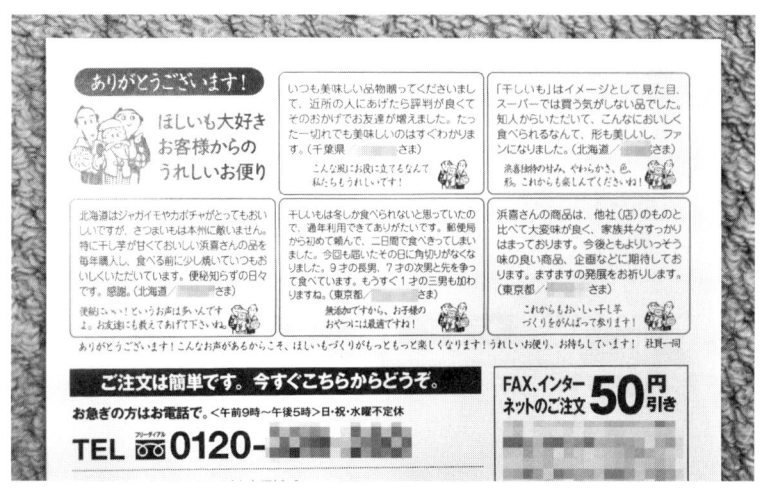

DMにお客様の声を載せた例。名前と住所があるので、非常に信用が持てる内容となっている。お客様の文章力は一切気にせずそのまま載せましょう。改ざんは禁物。しかし、掲載の際にはお客様に許可をとることが必要です。

お客様は名コピーライター、ですが…

　さて、お客様の声を広告のキャッチコピーにする際の上手な利用方法、また、間違えて逆効果にならないように取り扱いの説明をしておくことにしましょう。
　まずは取り扱い説明から。よく見かけるのは、名前もイニシャルで、年齢もわからず、住まいの地域もわからない、いかにも「ウソっぽい」お客様の声があります。もっともらしいことが書いてありますし、一見そんな声がたくさんあればそれらしく見えます。

もう他の店へは行けません！(H.Kさん)

　う～ん、これではどこか信憑性に欠けますよね。もう少しこの声に具体性がほしいです。
　ではこれならどうでしょう。

もう他の店へは行けません！(岐阜県関市／加納裕泰さん／38才男性)

　これならずいぶん印象が違いますね。同じ一言なのに、ものすごいパワーを持ちました。
　ポイントは声の出所をはっきりさせること。お客様のお名前をさらすことになるわけですから、その後のお店の信用にもかかわってきます。
　ということは、企業姿勢に大きくかかわってくるということです。取り扱いに注意するのはこの一点だけです。

　それでは上手な利用方法について。

21世紀（大げさですが）ですから、インターネットという媒体は外せませんね。携帯でいいので、動画でお客様の声を撮影しちゃいましょう。もうやっている人はたくさんいます。生の声に勝るモノはありません。

　ここはお客様にお願いして出演していただきます。デジカメや携帯で簡単に映像を撮ってホームページにアップするのです。それを集めるだけで立派なＣＭの出来上がりです。いかがですか？

　お客様とふだんからコミュニケーションできていない会社は、いきなりこの戦略を打つには勇気が必要です。しかし、意外にもお客様は、売り先からの腹を割ったコミュニケーションを待っているものです。だから、怖じ気づくことなく挑戦してみてほしいのです。まずは、お客様との接点をお手紙やニュースレター、ふれあいイベントを設けて、お客様と身近に顔をつき合わせることから始めてみてください。

動画イメージのお客様の声。手軽に誰でも動画が扱える時代。このくらいのことができなければ、販促は成り立たない！？

まずはコンセプトから決める

　お客様の心を虜にするキャッチコピーには、ちゃんと秘密が隠されているということをおわかりいただけたでしょうか。それでもまだこの章までは準備体操でしかありません。
　売れるキャッチコピーをつくるための基礎体力づくりをしたと思ってください。いわば、今まで私はあなたにヒアリングを繰り返して来た、そう思っていただければわかりやすいかもしれません。

　さて、次章から実際にあなたが売れるキャッチコピーをつくっていくわけですが、ここでもう一度コンセプトづくりの整理をしておきます。当然ながら、私もクライアントから十分ヒアリングしたあと、広告や商品のコンセプトを決めていきます。だから、この行程もこの順番で必要になってくるのです。

　コンセプトとは、あなたが企業戦略、商品戦略、広告戦略を行なう上で、その柱、基礎となる考え方です。迷ったりわからなくなったりしたら、そこへ立ち戻って冷静に考える、基本の考え方。企業理念とよく似ています。
　企業理念は、嚙み砕いて説明しないと社員にもわかりにくく、ともすれば創業者の自己満足的になりやすく共有しづらい。しかし、コンセプトの根底にあるものは、消費者の根源的な欲求ですから、とても合理的で合点がいきやすいのです。

　コンセプトさえ立てておけば、冷静に考えられるので客観性も保て、自由に考えを巡らすこともできます。コンセプトを形づくるために必要なのが、本質を顕在化させるためのヒアリングなのです。
　家づくりも基礎と柱を立てることから始めるではありませんか。

これをやらずして、何も始まらないということです。

　下記の表は、私がいつもコンセプトを引き出す上で組み立てたチャートです。イコールで結ばれた要素をあなたの言葉で具体的に明文化すれば、コンセプトを組み立てるための材料の骨子を集めることができます。ぜひ参考にしてください。

▶コンセプト・ディスカバリーシート

あなたのコンセプトは？

＝あなたの商品・サービスそのもの→一番人気商品

＝根源的な消費者の欲求→一番多いお客様のタイプ

＝企業姿勢→あなたの理念、または会社・お店の企業理念

＝信用を生むもの→最も多い、お客様の喜びの声

＝ブランド！

©Makeovers&Hiroyasu Kanou

WORK コンセプトシートづくりの実際

　私がセミナーで行なうコンセプトシートを掲載しました。これを埋めて、前頁のチャートとともに、あなた独自のコンセプトを打ち立ててみてください。

①シート1で、自分のベストな仕事体験を振り返ります。

〔シート1〕

お客様の声から自分を知る

今までで一番いい仕事をした理想のお客様　[　　　　]さん

①あなたに会うまで○○さんはどんな悩みを抱えていたのか？

②あなたはその悩みに対し、どう接したか？　具体的に。

③○○さんは、なぜあなたを選んだのか？

結論　あなたは [(ア)] で、
　　　お客様の [(イ)] を解決した。

②シート2で、体験からコンセプトを導きます。

〔シート2〕

コンセプトとは？

あなたの得意
(ア)
....
(ア)から導き出されるあなたの得意

あなたの専門
(イ)
....
(イ)から導き出されるあなたの専門

▼　　　　▼

コンセプト（例：○○な人のための○○○の専門店）

▲

ターゲット
（あなたの商品を売りたい顧客層、もしくは既存客そのもの）

※メモ書きでもいいので、たくさん書いてみる

3章

売れるキャッチコピーは、結局あなたにしかつくれない

- その言葉はお客様を「ケア」できているか
- あなたにしかわからない専門性にこそ答えが隠れている
- 自分の歴史を見つめ直してみよう
- これからの時代に必要な「タグライン」とは?
- 「タグライン」を持てるかどうかでお店・会社の未来が決まる
- 今、売れているものがあなたのコンセプトになり、タグラインになる
- 読ませるためには型を知る
- 一行目を読ませるために、あなたがすべきこと
- 売れるキャッチコピーが書ければ、自分のお店・会社が見えてくる

その言葉は
お客様を「ケア」できているか

　本書のここまでで一貫して伝えているのが、**広告であなたの語る言葉が、消費者の問題解決の一助になっているかどうか？**　という視点です。

　どんなに立派な商品でも、消費者に必要とされなければただのゴミ。これだけモノが溢れかえっている中で、あなたの商品が放つメッセージを伝えるには、今を生きる人たちの「悩み」や「不安」に基づいていなければなりません。

　あなたが売りたいターゲット層をケア（治療）できるのか？　ということです。大げさに聞こえますが、これくらいの視点を持っていないと、誰もあなたの言っていることに耳を傾けてはくれません。

　たとえば「音楽」。音楽は私たちの暮らしに密接しています。特に私たちが気軽に楽しむのが、歌謡曲やロック、ポップス、演歌などの歌詞がついている「歌」です。

　私たちは、人生のさまざまな想い出によく歌を重ね合わせます。自由気ままに過ごした学生時代に聴いた曲、好きだった彼氏彼女と聴いた曲、ふさぎ込んでいた自分に勇気を与えてくれた曲、とっ散らかった心を癒してくれた曲。その曲を聴いただけで、明日からまた元気に生きてゆける……歌の力はすごいのです。

　私たちにとって歌は、今を生きる自分の心の薬と言ってもいいのではないでしょうか。歌がここまで暮らしに密着しているのは、大衆文化だからです。他の芸術分野と違い、自分の部屋でも、車の中でも、町の中でも楽しめるからで、まさに私たちの日々の暮らしの中に存在しているからです。

そんな歌には、音だけではなく「歌詞」があります。歌詞は言葉そのもの。もちろん、音を純粋に楽しむ人もいますが、歌詞を聴き、読み、感じることによってその世界観に共鳴しています。

　やはり言葉なのです。言葉で私たちは心をケアされているのです。
　歌には、つくり手の想い、叫び、訴え、哲学、メッセージ、ビジョンと、いろいろな伝えたい言葉が詰まっています。だからこそ、多くの人の心に届くのです。
　だとすれば、どうしたらあなたの商売を、サービスを、多くの人の心に伝えられるでしょうか？
　代理店や印刷会社に適当な説明をして、つくってもらった、単に耳当たりのいい言葉では、あなたの想いが伝わることはありません。

あなたにしかわからない専門性にこそ答えが隠れている

　クライアントの内面を翻訳するのが、私たちデザイナーが営む広告デザインです。いつもクライアントに合わせて、さまざまな業種の内面をできるだけ探る作業をしています。だから、日々いろいろな驚きや発見がたくさんあります。そこで教えられることはとても多く、自分の知識にもなっていきます。

　私も消費者のひとりとして、素朴な質問を投げかけると、クライアントは専門用語を駆使して、難しい説明をしてくれます。その人にとっては毎日当たり前のようにしていることですから、さも当然のように話すわけです。
　また逆に、自分の中では常識なために「そんなこと言わなくてもわかるだろう」と、肝心なことを言ってくれないこともあります。
　しかし、実はそこに**消費者との接点が隠されている**ことが多いのです。

　たとえば、私の地元で有名な牛乳メーカーがあります。もちろん、地元住民はその存在を知っています。しかし、大手有名メーカーの牛乳と何が違うのか、そもそも大手メーカーよりも品質がよいことが、消費者には伝わっていないのです。
　当初から、そのクライアントの牛乳メーカーは「低温殺菌」が売りである、と言っていました。牛乳本来のおいしさを活かすには「低温殺菌」でつくるのが理想だと言われます。「60°30分間」と、パッケージに書いてある、あれです。
　スーパーで見てもらうとわかりますが、商品棚に並んでいるほとんどの牛乳は「120°2秒間」などの「高温殺菌」です。これだと、殺菌をする代わりに栄養分も損なわれてしまい、焦げ臭さもついて

しまうのだそうです。大手メーカーは生産効率を考えると高温殺菌にせざるをえません。しかし、地域のメーカーなら生産規模も小さいので、製法にこだわっても莫大なコストにはなりにくい。前述の殺菌行程で言えば、なんと900倍もの手間がかかっている。これほど丁寧につくっていれば、当然値段が高くても不思議ではありません。実際に違いがわかっている消費者は、毎日瓶で配達してもらって愛飲しています。

　地元なら、そんなこだわりも響きやすいし、丁寧な仕事ぶりも評価してもらいやすいのです。

　900倍もの手間が、そのおいしさの秘訣である、とここまで翻訳すれば「なるほど、そりゃあ確かにおいしそうだ」となるわけです。まずはあなたにしかわからない専門性を、どうやったら伝えることができるか。その接点になる言葉を見つけましょう。

タグライン（60ページ参照）は「あんしん、おいしい、低温殺菌」。地元のフリーペーパーや既存客に配布するリーフレットで、低温殺菌のエピソードとその品質の高さを流布している。販促ツール毎、テーマ毎にコピーも使い分けている。

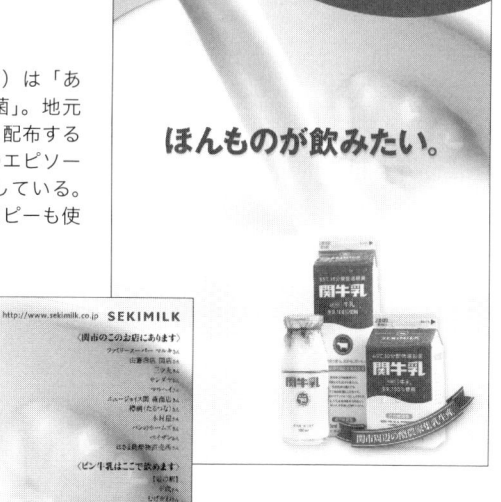

自分の歴史を見つめ直してみよう

　自分のこと、実はこれが一番わからないことかもしれません。客観的に自分を俯瞰することができれば、物事の判断力だって劇的にアップするに違いありません。

　それと同じように、日々の忙しさに埋没してしまいがちなのが、あなたが今の仕事を始めた時のビジョンでしょう。

　私たちは、気がつくと思い通りにならない仕事に翻弄され、雑務に追われ、その後の始末に走り、ゆっくりとその日1日を見つめ直す暇もないまま、また次の日を迎える生活を送っています。理想と現実の間で悩みながら、妥協する道ばかりを選んでいるうちに、熱い想いもいつしか忘れてしまいます。

　あなたが今の仕事を始めたのは、ある日突然湧いてきたアイデアかもしれないし、成功した人を見て、こんな風になりたい！　という憧れかもしれません。はたまた、嫌々家業を継ぐ二代目三代目かもしれませんし、子供の頃から描いていた夢だったのかもしれません。

　あなたは、その時何を思って開業一日目に臨んだのでしょうか。きっと思い入れがあったはずです。

　人生論を語るつもりはありません。もっとシンプルなことで、最初の想いを知るということは、**あなたのサービスや商品の始まりは、何のためにあるものだったのか？**　を知ることなのです。

　その上で何をしてきたか。それらも全部書いてみましょう。いつ何をしたか。そうすると、「あの時、今までで一番いい仕事できたよなぁ～」とか、「あの仕事をきっかけに、仕事の質が変わっていったな」という経験が思い出されると思います。その時に何を感

じたのでしょうか。

　私は、今までこの作業をいろいろなクライアントと試してきて、広告のキャッチコピーをつくってきました。私がしていることは、いわばその取材です。

　そして、ひとつ言えることは、クライアントが探している答えは、そうやって出力した中に必ずある、ということです。

●あなたが思う「忘れられない仕事」ベスト3は？

> **例：恥ずかしながら、これが私、加納の忘れられない仕事ベスト3**
>
> **ベスト1**
> 自分の紹介記事が地元新聞に掲載され、その一年後に依頼があったクライアント。最初の顔合わせでヒアリングを進める中、クライアントが感極まって涙を流したこと。クライアントのプライベートが、そのまま仕事に影響を与えること、いかに真摯にお客様の中身に入り込まなければいけないかということを肝に銘じた案件。感謝。
>
> **ベスト2**
> 独立後最初の仕事。ドッグサロンの起業サポート。独立当初にもかかわらず、今見返しても文章や広告の組み立て、メッセージ力が半端なく強い。各ツールの完成度もなぜか高い。それは、クライアントが直接文章にかかわっていることもある。今も迷った時は参考にしてしまうほどの案件。感謝。
>
> **ベスト3**
> 独立当初、FAXDMをかけ、依頼があった最初のセミナー仕事。葬儀組合の会員対象。たった4人の受講者に対して緊張しまくり、必死でやり通した。しかし、これがなければ、今もセミナー講師の仕事はできていないかもしれない。何よりも始めること、行動することが大切なんだと決意できた仕事。感謝。

3章　売れるキャッチコピーは、結局あなたにしかつくれない

これからの時代に必要な「タグライン」とは？

　企業のロゴマークにぴったりくっついている、ごく短いワンフレーズの言葉があります。その企業の思いを一言で表したもので、これを「タグライン」と呼びます。

　簡単に言えばキャッチコピーですが、一言では伝えにくい会社の内面や企業姿勢を表しているものなので、その企業の行動すべてがその言葉に裏付けされていなければいけません。

　日本ブランド戦略研究所が、全国のインターネットユーザーに対して行なった、タグラインのイメージ調査があります（右ページグラフ http://japanbrand.jp/ranking/nandemo/21.html）。

　さて、実際のタグラインとはどんなものでしょう？　大手企業の例になりますが、見てみましょう。

あしたのもと　AJINOMOTO（味の素）

すべてはお客さまの「うまい！」のために。（アサヒビール）

The Power of Dreams（ホンダ）

　などがそうです。「ああ、そういえばそうそう！」といった感じでしょうか。もちろんこれらはキャッチコピーですから、語感も大切ですが、いかに企業理念を短くまとめ、その姿勢を明確にしながら世界観を出すか？　これも重要な要素です。

　上の調査結果で注目すべき点は、「覚えやすい」という設問では"あしたのもと"がトップだったのに対し、「企業の姿勢が伝わる」という設問では"すべてはお客さまの「うまい！」のために。"が

トップだったことです。味の素はこの設問では最下位に終わっています。

この2つの視点の違いは「自社のお客様のニーズに向き合えているか」を直感的に表現できているかです。

さて、もちろんこのようなタグラインを真似て、味の素のような気の利いたワンフレーズをつくりましょう、と言っているのではありません。すでに名の知られた大企業だから、こうした覚えやすいキャッチコピーでも許されるのですが、私たち中小企業は間違えてはいけません。

タグラインとしては少々無骨でも、アサヒビールのような、より信頼の持てる言葉で伝えたほうが絶対に有利です。だって、家へ帰って家族といっしょに食卓を囲んで、ビール片手に「うまい！」って言いたくなるじゃああありませんか。

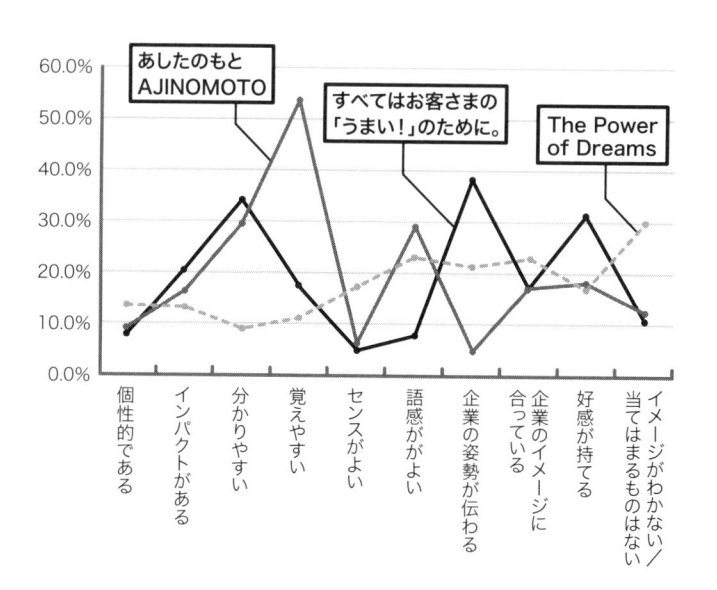

日本ブランド戦略研究所「企業のタグラインのイメージ調査」より作成

「タグライン」を持てるかどうかで
お店・会社の未来が決まる

　あなたの会社の思いが凝縮されたものがタグラインです。これをつくるということは、目指すべき方向性を設定しないとつくれないので、嫌でも前向きに物事を考えることになります。
　また、お店・会社の実情をしっかり見つめないと、向かうべき方向も見えません。

　タグラインは一見スマートでお飾りのように見えますが、お店・会社の根っこを象徴する言葉です。
　実際にはチラシ一枚つくるにも、DM一通つくるにも、お店・会社の姿勢を突き詰めないと、お客様の心をつかむコピーなんて生まれてきません。むしろ、そこを見出せば、末端のツールに使うコピーもとっても出やすくなる。その羅針盤とも言える言葉がタグラインなのです。

　右の例は名刺で、私が独立後初めて手がけた愛犬の美容室のロゴとタグラインです。

あなたとペットの、ワンダフル・ライフ。

　もちろん、クライアントの努力と、数え切れないほどの打ち合わせの中から、ようやく紡ぎ出された言葉です。これがあれば、どんな行動をとる時も、方角を間違えることはないのです。
　逆から言えば、こういう言葉を掲げているにもかかわらず、現場でお客様を裏切るような行為を平気でしていると、お客様が離れていくのです。そんなことは私に言われなくても、あなただって、誰だってわかっていることですね。

すでに言われていることですが、モノを並べていれば売れる時代はとうの昔に終わりました。でも、モノのスペックをいくら語ったところでモノが売れるわけでもありません。

今はモノができたストーリーや、それをつくる真摯な姿勢も全部わかってもらい、さらに受け手の心をハッピーにできなければ売れなくなりました。コミュニケーションやつながりを求めながらも排除しなくてはならない矛盾した世の中に、タグラインがもたらす顧客とのコミュニケーションの可能性は高まっていくでしょう。

メッセージはご夫妻の言葉が満載。今思うと、名刺としては洗練されていない見た目ではあるものの、ロゴのインパクト、メッセージの誠実さ、タグラインの簡潔さ、ネーミングのセンスとも、どれも個人店のクオリティとしてはかなり高いと思います。

今、売れているものがあなたのコンセプトになり、タグラインになる

　さて、タグラインの重要さがわかったところで、その言葉の導き方のひとつの方法をお伝えしておきます。

「今、あなたのお店・会社で一番売れているものは？」

　この質問をして、素早く返事が返ってこない場合は、商売がいろいろと多岐にわたり過ぎているか、現場を見ていないか、統計がとれていないか、この三つのうちのどれかでしょう。
　簡単なことなのですが、売れているものがあなたのお店、またはあなたへの評価ですから、どう評価されているのかきちんと受け止めて、自分の得意にしていけばいいのです。
　誰がどう評価してくれているのか？　これを現状から逆戻りして考えていくだけのことです。たとえ売り上げが悪くても、その中でも売れているもの、評価されているものを見つけてください。それがあなたのお店・会社の強みであり、コンセプトそのものです。

　なぜ、○○が売れるのか？
　＝お客様は何に困っているのか？
　＝あなたは何を解決しているのか？
　＝だから○○が売れているのか！！

　これが、2章の48ページで述べている「まずはコンセプトから決める」ということなのです。コンセプトは、少々長くてもかまいません。それよりは、現時点でわかることを出し切ってしまうことに注力してください。それをすべてまとめて、一言で言い表した「まとめ」がタグラインです。

▶タグラインを導き出すための書き込みチャート

今、あなたのお店・会社で一番売れているものは？

↓

なぜ、○○が売れてるんでしょうか？

↓

○○はお客様の何を解決しているんでしょうか？

↓

結論

だから○○が売れているんだ！

読ませるためには型を知る

　タグラインは、もちろんあなたの言葉でかまいません。何の決まりもありません。いえ、むしろ、あなたの言葉でなければ意味がないと思います。

　私の独立当時のこと。インターネット経由で名刺作成の依頼がありました。同じ岐阜県内のとある建設コンサルタントの社長からでした。名刺をつくり直すにあたり、インターネットで業者を探していたところ、ホームページに載っていた私のコンセプトに共感をいただいて、連絡があったのです。詳しく私のホームページを見たわけではなく、タグラインやキャッチコピー、その他のコンセプト文を見て、名刺のデザインを頼むのに合格ラインだったというわけです。
　仕事としては大金ではありませんが、タグラインで、私のデザインに対する姿勢をその社長は見抜いた、ということです。そういう判断をなんとなく直感的に導くのがタグラインの役目です。

　だから、あなたの商品、あなたのサービスを求め興味を抱こうとする人に、当然ながら効果的な投げかけをする必要があります。
　効果的な投げかけって、どうすればいいの？　と思いましたか？
　最初に述べたように、やっぱりあなたが発する言葉以上のものはありませんよ。でも、少しだけ型を知ることでその効果も実感いただけると思いますから、ここで、タグラインの効果的な文型についてヒントをお伝えしましょう。

　○○○を□□□に(のために)。

○○○のための□□□。

○○○の□□□。

大きく分けてこの三つです。
　とても基本的でストレートですが、これらの文章は、このあとにストーリーが続いていきそうな深遠さを簡単に出すことができます。要するに「言いかけ」の状態なのです。では、この型を使って例をいくつかご紹介しましょう。

　まず、前述のアサヒビールのタグライン。

すべてはお客さまの「うまい！」のために。

　もうそのものですね。好感度が高いのもうなずけます。
　ただ、やっぱり大手企業的で、私たちが使うには抽象的です。このまま真似はしないようにしましょう。

　では、私が自分自身使っているタグライン。

心にグッとくる、デザインを。

　ちょっとカッコつけていますけれども、やっぱり言いかけで止めています。これで一種のもどかしさを出しているんです。「で、何のデザインを？　やってくれんの？」というように（もちろんデザイナーを探している人に対して）。そんな言葉のキャッチボールができると、いいタグラインと言えるのでしょう。
　こういう、言葉のちょっとした雰囲気の演出で、同じ単語なのに何倍もいきいきしてくるのです。

一行目を読ませるために、あなたがすべきこと

　型までわかれば、あとは、あなたが言いたくてうずうずしているその思いをぶつけるだけです。
　でも、タグラインのような言葉を考えること自体、まだあなたは抵抗があるかもしれません。
　「言わぬが花」が美学の日本人。差し支えない、奥ゆかしいのが味わい深い日本人。この感覚が染みついてしまっている私たちは、その正反対とも言える行動にはなかなか慣れないもの。
　しかし、それでは誰も振り向いてくれません。誰もあなたのことなど気にしてくれません。少なくともビジネスにおいては。だから、最初に語りかける言葉が何であるかが、人を振り向かせる最大の鍵です。
　さて、タグラインをはじめ、チラシやＤＭやホームページなど、最初にくる一行目の言葉、キャッチコピー。ここで一番大事なことは、**どこにでもあるような言葉でごまかさないこと**です。突き詰めた結果、わかりやすい言葉になるなら問題ありません。重要なのはその言葉が生まれてきたプロセスです。産みの苦しみを味わって絞り出すことが大切なのです。安直に組み立てた言葉とはやっぱり重みが違うのです。たとえば、

本当にありがとうございます。

ありがとう……本当に。

　この違いです。同じ「ありがとう」でも、気持ちのニュアンスがまったく違って感じ取れます。敬語でなくても感謝は伝わりますし、むしろ「ありがとう……本当に。」のほうが、心の声という感

じがしますよね。

　1章でも述べていますが、失敗するセールスレターの冒頭と言えば「平素は格別のご愛顧を承り〜〜」でしたね。丁寧に語りかけることがすべてではありません。

　あなたがまず最初にやらなければならないのは、客観的な立場で考えることです。

「あのお得意様だったら、これを聞いてどう思うか？」

　広告のテーマを見つけたら、まずはお客様側に立ってみて、自分のお店・会社・商品・サービス・社員・あなた自身を俯瞰すること。とにかく客観的に見つめることです。これは実際にやるしかありません。

　繰り返すうちに、人の言葉を冷静に聞き取れるようになって、冷静に判断できるようになってきます。常に自分が考えてやろうとすることを「これでいいか？」と自問自答するのです。

　一番わかりやすいのは、あなた自身がよく利用するお店やサービスに対してあなたがどう感じているか。今度は逆に、**自分がサービスする側で考えてみたらいい**のです。たとえば自分が感じた不満を自分ならどう解決したらいいだろうか？　こう考えれば、両方の合意点が見えてくるのではないでしょうか。

売れるキャッチコピーが書ければ、自分のお店・会社が見えてくる

　いかがでしょうか。タグラインの重要さがわかっていただけましたか？　企業理念と言っても間違いありませんが、企業理念は内部の人間が共有するものなので、もっと直球で当たり前な言葉でもかまいません。

　しかし、タグラインは外部に向けて発信する言葉なので、よそ行きな格好で、しかも好印象を与えて、主張もしっかりしていないといけないという、ファッションセンスにも似たアピール感覚が必要かもしれません。

　そんなことを言ってしまうと、ハードルが高くなってしまうでしょうか。まあまあ、まずはそんなこと気にしないで、とにかくつくってみればいいんです。

　以前お付き合いしていた建設業者さんとは、こんなタグラインをつくりました。

わくわくする家づくりを、
そして人生にときめきを。さあ、いっしょに。

「家づくりがわくわくしなかったらだめなんです」というのが、お会いした当初からその社長がおっしゃっていたことでした。

　本当に家づくりを楽しんでほしい、そんな思いが「わくわく」の一言だったのです。いつも考えるだけでわくわくする楽しい家づくりをしてきたのだから、そんな思い入れのある家での暮らしだって、絶対に楽しいはず。家ができてからの家族の人生が明るくなるようなメッセージを込めています。

　そういった言葉の下、チラシづくりも行なっていましたので、楽しく家づくりに取り組んだお客様の声を中心にツールを構成。地元

で口コミ客が多いと聞いていましたから、公然の口コミを図るよう、口コミの多さも伝えることを意識しました。売り上げはもちろん上がっていきました。

　ストーリーが美しいのです。これが嘘でもなんでもないから気持ちいいんです。方向性がビシッと決まっているから、そこへ向かっていける。すべての行動がその言葉の下に成り立っているから、社員へも浸透する。もちろんタグラインだけではなく、具体的な社員教育もあっての上です。

　その後、三代目だった社長は「自分の会社」にするため、社内を大きく改革し、今はまた新たなステージに向かっています。

わくわくする家づくりを、
そして人生にときめきを。さあ、いっしょに。
いがみ建築工房
伊神建設株式会社

IGAMI HOME CREATIONS

ホームページ、ツール、営業トーク、さまざまな仕掛けまでトータルに行なうことで、地域でのブランディングを実施しています。
いがみ建築工房　http://ikhome.jp/

実践付録

困った時の
キャッチコピー発掘法

- 驚きをそのままに
- 自分がお客になってみる
- 本屋へ行ったらココをチェックする
- とりあえず誰かに相談してしまえ
- 偉人の言葉をご拝借
- **さらにおまけ**
  知ってる人はもう使ってる!
  一瞬で売れる!買わせる!キャッチコピーひな形30

実践付録

驚きをそのままに

　どうしてもこうしても、キャッチコピーが出てこない。そんな時はお客様に聞いてしまいましょう。

　とにかく人に聞いてしまえばいいのです。お客様の言葉は素直ですし、我われが広告媒体で表現したい視点で答えてくれるので、見る人の共感を得やすいのです。チラシのキャッチコピーがそのまま口コミになっているようなものです。

　今まで、私が見た中で、非常にレベルが高いお客様の声をご紹介しておきます。

一度切ってもらったら、他のお店へは行けません！

たった一切れでもおいしいのはすぐわかります。

ふつうの家はいやでした。

　いかがでしょう。これらは、私やコピーライターがつくったキャッチコピーではなく、特別な意図もなく集められた一般のお客様の声です。私がその中から言葉をピックアップしてキャッチコピーにしています。

　一番目は、理容室のお客様の声。この声からして、お店のファンであることは間違いないでしょう。このお店の理容師さんはそれだけの技術を持っていて、しかも人間性も温かくて信用できるからこそ、こういう言葉をもらえているのです。

次は、和菓子（ほしいも）のＤＭに使用したコピーです。実に言い得ているではありませんか。この時は、このセリフを言ったお客様の実名も広告に入れたので、声自体に信憑性があります。

　三番目は工務店のデザイン住宅のチラシに使用したコピーです。短いセンテンスで、パワーも抜群です。「ふつうではない＝魅力があるデザイン」を期待させる言葉です。

　どの言葉も、お客様から寄せられた言葉の中から、抜き取ったものです。こうして印象的な一部を抜粋し、見出しにしておくのです。すると、その言葉をきっかけにして次の本文へ目が向くようになります。

［発掘法 1　お客様は（キャッチフレーズの）神様です］

実践付録

自分がお客になってみる

　あなたは自分の商品を愛用しているでしょうか。

　あなたは誰よりもその商品を理解し、説明できるでしょうか。もし商品を仕入れているとしたら、あなたが最初にその商品に出会った時、使った時の感動を覚えているでしょうか。

　もし、今あなたがキャッチコピーを書けずに迷っているとしたら、ひょっとするとあなたはその商品を理解していないだけなのかもしれません。誰ですか？　今ドキッとしたのは。

　私の地元岐阜県関市に、銘木を扱う株式会社IMKという貿易会社があります。社長の伊佐地さんがとにかくインパクトがあります。彼を一言で言うなら痛快無比。それだけに一貫したポリシーがあります。その考えが会社そのものに息づいているのです。オフィスの内装はオリジナルで、もちろんふんだんに銘木が使ってあります。これだけでもかなり迫力がありますが、さらにショールームとコミュニティスペースをつくり、世界の銘木の魅力を伝えるための展示品がところ狭しと並んでいます。

　床も建具も柱もすべて銘木。そこには、なんと銘木製のキッチンバーカウンターまでもがあります。こうなってくるともう道楽にしか見えませんが、実はここにこそ、社長のメッセージが隠れています。

　「遊ばないとモノのよさなんてわからない」

　そう豪語する社長は、仕事柄、若い頃から世界を飛び回ってきました。木を扱う仕事は途上国へ行くことも多く、ずいぶん危険な目にも遭ってきたと言います。

　「遊ぶということは、その業界の裏、真実を知ること。とにかく好奇心を持っていろんなことを体験、経験すること。すると世の中の仕組みがわかる。だから何かあっても落ち着いて対応ができる」

とかく情報が氾濫する中で、自分の立ち位置や精神を保つには、情報に流されない信念が必要です。伊佐地社長は、そのためには遊ぶことを通して、商品やサービスを体験することが大切なのだと伝えているのです。

商品コンセプト以前に、自社商品を説明できない人もいます。

まずはそれを普段から言葉にして表現してください。どう言葉にしたらいいのか考え抜かれた経営者からの商品説明には、時に感動すら覚えるものです。

自分の商品を徹底的に言葉にしてください。し尽くしてください。あなた以上に、あなたの商品を考え抜いている人がいないくらいに。

[発掘法2　四の五の言わず、脳に汗をかく]

「遊ばないとモノのよさなんてわからない」と語る伊佐地社長と銘木（チーク）製のキッチンバーカウンター。隅から隅まで銘木のたたずまいは実に迫力がある。チークは、古くから重要な国賓をもてなすための室内の内装には必ず使われる。こうした歴史背景をわかってこそ味わえるのが銘木だという。

実践付録

本屋へ行ったらココをチェックする

　本屋は、キャッチコピーの宝庫です。おそらく、これだけのキャッチコピーを閲覧できるのは、本屋以外にないのではないでしょうか。
　本屋の場合は情報が新鮮です。しかも、世相を反映した言葉もキャッチできて、どんなトレンドがあるかも観察できる。さまざまな趣向、業界も見えるし、ほぼわからないものはないと言ってもいいくらいです。
　あなたも、無意識のうちに、本のタイトルやオビ（本の半分くらいのサイズで巻いてある、宣伝文句が入った帯紙）のキャッチコピーにひかれ、手に取ってしまっているはずです。表紙を見ただけで「この情報が知りたい！」「読みたい！」と、購買心理を刺激されています。

　さて、本屋での私たちの行動は、購買行動そのものです。ホビー雑誌しか見ない人もいれば、くまなくすべての売場を見てまわる人もいます。ビジネス本に没頭する人、資格試験のテキストを真剣に選んでいる人、ファッション雑誌のチェックに余念がない人、子供と絵本を読んでいる人。どうでしょう？　みんな「自分が興味のあるもの」しか見ていないのではないでしょうか。

　私たちは、自分が広告を出す時、誰もが見てくれているものと勘違いしがちです。しかし、いくら完璧なキャッチコピーができたとしても、それを見てくれている人、その商品に興味がある人はごく一部の人なのです。
　ですから、あなたが興味のある本しか見ないように、あなたの商品に興味を持っている人だけに響く言葉を見つけるべきです。

本屋でどうやって効率的にキャッチコピーを探せばよいのか、下記にまとめてみました。さっそく本屋へ行って試してください。

[発掘法 3　本屋は言葉の宝石箱]

本屋で勉強！　購買心理

1. まずはあなたがほしい情報カテゴリで、どうしても手に取りたい本を見つける。
2. しかし！　手に取るのをガマンして、自分の購買心理のどこをくすぐられたかよーく考えてみる。
3. 納得できてから読んでよし！　引っかかった言葉は心にメモしておく。

本屋でチェック！　ひかれる言葉

- 雑誌のタイトル上にある、「どんな人のための本か？」をチェックする→この言葉で雑誌のターゲット層がわかる
- 表紙のタレントを知る→オピニオンリーダー。このタレントの生活スタイルそのものがトレンド。
- 本のタイトルは型で見る→ひかれる言葉には型がある
  - 断定ズバリ型（例：『ブランドは広告でつくれない』）
  - 診断クエスチョン型（例：『なぜこの店で買ってしまうのか』）
  - たとえて煙に巻かれ型（例：『チーズはどこへ消えた？』）
  - 着実ビジョン型（例：『たった400字で説得できる文章術』）
  - 手取り足取り型（例：『サルでもわかるExcel講座』）
  - ピンポイントキーワード型（例：『偽善エコロジー』『「心の掃除」の上手い人 下手な人』）
  - 一発勝負ネーミング型（例：『ソトコト』『下流社会』）
  - 共感わしづかみ型（例：『結局、どうすりゃ売れるんですか。』）

> 実践付録
>
> # とりあえず誰かに相談してしまえ

　私たちのような広告・販促デザイナーの大切な資質のひとつは「聞き上手」であることです。もちろん私たちだけでなく、ビジネスでは買ってくれる人のニーズを読み取ることが前提ですから、どんな業種でも当たり前の資質かもしれません。

　ですから、あなたがもし、自社商品をうまく表現できない場合、キャッチコピーが見つからない時は、**誰かに聞き出してもらう**と効果があります。

　私たちは、自分のことになると、実はわかっているようでわからないもの。しかし、これが他人からの不意な質問によって整理されることはよくあることです。

　あなたも何か悩みがあったら、気の置けない友人や家族に相談していませんか？　聞いてもらうだけでストレス解消になる人もいます。ここで言いたいのはそういうことではなく、**意図的に外部から俯瞰してもらい、自分の考えに整理をつけて解決する**ことを目的にすると、非常に前向きに人の意見を聞けるようになるということです。

　私も、自分のビジネスプランや考えをまとめたいと思った時は、妻に手伝ってもらい、整理しています。質問してもらって、少しずつ出力して、点と点になっていたアイデアや悩みや考えを、線でつなげていくのです。

　『バーバパパ』という人気の絵本を知っていますか。アネット・チゾンさんとタラス・テイラーさんという夫婦が書いていて、版権の管理を二人のお子さんがしています。一家で『バーバパパ』の仕事をしているのです。旦那さんは、常に新しい作品を書いたら、面白いかどうかを、最初に奥さんやお子さんに見てもらうそうです。い

つもそばに、信頼を置ける相談者がいて、客観的に思考をめぐらせられる環境があるところが素晴らしいと思います。

　自分で考えない。「下手の考え休むに似たり」、そのくらいの気持ちでいましょう。
　アイデアは外からスイッチを押されてブレイクスルーするもの。これは、インタビュアーの質問力も必要なので、よく判断してください。
　こんな人を探してましょう。

・あなたが弱みを見せられる人は誰？
・あなたのことを一番わかっていてくれる人は誰？
・あなたが困っていたら、真っ先に「どうした？　何か悩みがあるのか？」と、何に困っているか聞いてくれる人は誰？

　この条件を満たせる人はおそらく一人か二人しかいないはずです。

［発掘法4　誰かに丸投げ話法］

実践付録　困った時のキャッチコピー発掘法

実践付録

偉人の言葉をご拝借

　偉人の言葉、いわゆる格言・金言・名言ほど、ずしりと響くキャッチコピーはありません。その辺に転がっているような売るためだけの一過性の言葉と違い、人間の生きる術を圧縮してしまっているような言葉です。そこには、法則性が隠されています。ということは、より多くの人間に当てはまるので、どんな人の心にもグサリと刺さります。それが偉人の偉人たる所以ですね。

　この偉人の言葉をお借りする方法もあります。よくよく考えれば、こんなに説得力があって、安心感があり、あたかもあなたの店・会社のイメージが上がるように見え、しかも合法性のある宣伝文句はありません。

　私が前著のためにつくった、自身のホームページ広告には、最後の一押しにこの言葉を使用しています。

　私が人生を知ったのは、人と接したからではなく、本と接したからである──アナトール・フランス

　この言葉は、たとえば出版社や本屋などが使用するとより効果の上がるキャッチコピーになるでしょう。

　気をつけてほしいのは、出所、この場合は作者・著作者の名前を必ず入れることです。これがないと違法になります。

　これがなぜ合法かというと、引用だからです。引用とは、簡単にいうと、**自分の論理を展開するために、説明しやすい適当なたとえを借りる**ことです。ですから、引用ならOKなのです。

　間違えやすいのは転載。転載とは違法な行為のことです。いわゆるパクリ。ただただ勝手に拝借してその出所を語らず、自分が発信元のように振る舞うことです。

きちんと出所を明記したほうが、勤勉、博学に見えて、論理も展開もしやすいのですから、ぜひとも挑戦してみてください。

「他人のふんどしで相撲をとる」ということわざがありますね。この言葉自体はいい意味ではありませんが、偉人の言葉を上手に引用することは、素晴らしい知識を継承しているのと同じですから、決して悪いことではありません。

格言集や名言集、ネット上にも、それらを集めて紹介しているサイトがたくさんあります。

また、ことわざや慣用句なども同様に使えます。ネット上の有名な辞書なら weblio など、さまざまなジャンルのサイトがあります。以前はセールスレター用に分厚くて重い類語辞典を使っていましたが、今ではネットで検索すればすぐに出てきます。便利な世の中です。

[発掘法 5　相撲は偉人のふんどしでとる？]

weblio　http://www.weblio.jp/

さらにおまけ

知ってる人はもう使ってる！
一瞬で売れる！買わせる！キャッチコピーひな形30

　やっぱりほしいカンニングペーパー。そこで、本当は教えたくないけれど、使える定番のキャッチコピーをここでご紹介します。本書をご覧のみなさんのために特別に、応用しやすいひな形で収録しました。本来は、あなたのオリジナルな言葉でつくっていただくのが一番いいのですが、まずはこうしたひな形から練習していって、慣れてきたら自分の言葉でつくってみましょう。

断定呼びかけタイプ

限定（例：期間限定、限定50個）
限定には誰もが弱い。行列には並びたくなるのと同じように、何かを限定してみることで、稀少性を演出します。

緊急速報！／ニュースです！
当然ながら、本当に緊急ネタでないと一回で信用をなくすので注意。

お待たせしました！
主に既存客向き。新規客には難しい。これも、実際にターゲット層が待っていたサービスでないと無意味。

世界でいちばん○○
商品力を誇示したい場合や、オンリーワン商品であれば使える。

ナイショですよ、○○。
限定を表現する場合の視点を変えた言い方。物珍しい商品にも使用

できます。

ネガティブタイプ

なぜ○○は○○なのか？（例：なぜあなたのお店は儲からないのか？）
すでに陥ってしまっている消費者の悩みや不足に気づかせてあげるタイプ。

まだ○○？
「まだ○○を使ってないの？」というように、すでに世間では当たり前のことをあなたは知らないの？　と煽るタイプ。

ポジティブタイプ

あきらめていませんか？
すでに陥っている悩みに、希望があることを見いださせます。

当店で○○ならあきらめてください。
商品・サービスの自信の裏返しの表現。技術職・専門職の他、ワンストップ型サービスを表現する場合にも使える。

お客様の声風タイプ

えっ!?　○○が○○だなんて！
こだわりの部分を意外性でとらえる言葉。実際に意外性がないと効果がない。

やっぱりなりたい！　○○（たとえ）
セレブ、タレント、スポーツ選手など、その商品やサービスの使用

イメージをオピニオンリーダー（世論をリードする人）で表現。

ゼッタイほしい！　○○（あなたの商品）
大多数の意見のように見せる。言い回しを変えれば、いろんな年齢層に使える。

○○できるようになりました。
あなたの商品を使って実現できる状態をシンプルに表現。これも、実際そういう声があればそのまま使う。

直球タイプ

○○のことなら。
電話帳広告や、商品名の前につける、わかりやすい商品の説明文として。

「○○」求む！
人材募集や、それをもじって演出したようなターゲットを振り向かせるタイプ。

究極の○○
「究極のカレーうどん」というだけで、食べてみたくなります（カレーうどん好きの人なら）。

売れる○○
B to Bで使用。この単語には、商売人なら誰もが無条件で反応します。

○○とは？
商品を手っ取り早く説明したい場合。Q&Aに見立てているので、

抵抗なく本文を読みやすくさせられる。

> カンタン実現タイプ

○○で□□△△する方法（技術・法則・術）
○－商品を体現する言葉や体験、□－具体的な数、△－商品を使用して得られる成功ビジョン
例）『「家系図」を作って先祖を1000年たどる技術』

○○するだけで○○
その商品の即効性、手軽さを訴えたい場合。これも、競合商品と比べて、実際に効果がないと逆効果になる。

たった○○でできる○○
○○には、具体的な数字を入れるとわかりやすい。
例）たった3分でできちゃう○○

○○でも（○○）できる○○
敷居を極限まで低くし、間口を広げたい時などに。
例）サルでもできる一眼レフ入門

今なら○○で○○できます
キャンペーンの常套句。あなたも、必ずどこかで見かけたフレーズだと思います。
例）今なら抽選で500名様にプレゼントいたします。

思い通りの○○
趣向性、趣味性の高い商品・サービス向き。思い通りにいかないのが世の常なので、共通概念を掘り起こす言葉として力があります。

その他使えるフレーズいろいろ

社長！ 大変です！
社長の他、ターゲットを特定できる場合に使用できます。たとえば、法改正で企業経営に直結してくるような大切な情報など、士業の方が顧問先に送る場合の最初のアイキャッチに向いているでしょう。

おまかせください。
はっきりと清々しい物言いが、好印象を与えられます。こういう場合は、びっくりマークは使わないで句点で終わっておいたほうが、よりスマートです。

○○って、知ってましたか？
これも、比較的ターゲット層の興味を、自然にこちらへ向けさせられるタイプの言葉です。問いかけられると答えを探してしまうので、反射的に本文を見る形となるのです。この一文のあとに、中見出しを入れて、そこでダイジェストで説明をすると、より情報が整理されて、親切なイメージを演出できます。

お申し込みはコチラへ（今すぐ）。
電話番号の近くには忘れずつけておきたい定番キャッチ。これがないと、消費者は次の行動に移れなくなります。好き嫌いではなく、基本として入れておかないといけない模範的キャッチコピー。

形容詞＋商品名
ふんわりオムライス、ほっそりジーンズなど、「シズル感」で商品を説明する場合。うまくできればネーミングとしても十分機能します。ただし、ありがちなパターンなので、あまりカンタンな組み合わせだと、すでに他で誰かが使用している場合もあります。

漢字＋外来語
地物ライフスタイル、即効ワンフレーズなど、商品やサービスを形容する場合に使えます。これもあまりに使う言葉が難し過ぎると、キャッチではなくなってしまうので、気をつけたいところです。

　これらのたぐいの言葉は、もちろん他にもたくさんありますが、どの言葉も簡単に使えるものは、みんなが使います。それは、時計の振り子のように、流行り廃りが激しいということを意味しています。よく観察して、飽きられている言葉ではないか、注意して使いましょう。

実践付録　困った時のキャッチコピー発掘法

4章

売れるキャッチコピーは こうつくる!

―媒体別キャッチコピー大百科―

- 何はなくともコンセプト
- 媒体によってターゲットも響く言葉も違う
- 販促力は演出力
- 地方、中小の販促展開はリレーションと立体展開だ
- 日本を変える仲間たち「反響商魂研究所」
- 【チラシ・DM 編】
- 【レター・冊子編】
- 【ニュースレター編】
- 【ホームページ編】
- 【小枠広告編】
- 【パンフレット・カタログ編】
- 【名刺編】
- 【POP広告編】
- 【看板編】

何はなくともコンセプト

　これは前著でも本書でも、口が酸っぱくなるほど言っていますが、要するに商品やサービスに**「世界観」**がほしいということです。**企業姿勢**です。もう、何でもいい時代は終わりました。私たちは、より自分の心の欲求を満たしてくれるモノじゃないとイヤなのです。

　わかりやすい例が「エコ」です。これがいいか悪いかは別の議論として、「エコ」じゃないものは使いたくない、そう考える消費者層がいます。いやむしろ、すでに前提として受け入れられつつあります。たとえば好き嫌いに関係なく、特定の家電を買い替える時に私たちは「リサイクル料」というかたちでそのエコの概念に触れています。

「自遊人」という雑誌をご存知でしょうか。この雑誌は、主に質重視の中高年をターゲットとしたライフスタイル雑誌です。"真の豊かさ"とは何か？　それを、日本文化をベースに楽しく伝えていく、というコンセプトを持っています。だから、本物の情報にこだわっています。本物の日本文化を伝えるために、なんと編集部が丸ごと東京から新潟へ引っ越してしまったのです。

　これ、ぱっと見は美しい話ですが、実際には編集部のみなさんは一口には語り尽くせないようなご苦労があったのだろうと思います。しかし、この姿勢には大変感銘を受けます。

　同じく「自休自足」という雑誌があります。こちらは、雑誌と連動して、自給自足したい人のために物件情報のサイトまであり、そのライフスタイルをバックアップしています。

　ターゲット層を完全にしぼり、徹底的にコンセプトを磨き上げる。だからこそ、メッセージが響いてきます。

　このように、コンセプトとは、**一本筋の通った考え方**です。2章の「まずはコンセプトから決める」を参照にしてください。

サイトの隅から隅まで、本物志向の中高年にはたまらないつくりになっているWEBサイト。雑誌の出版社だけあって、写真の臨場感やストーリー展開は当然うまいのですが、貫かれたコンセプトが持っているこのインパクトを、ぜひ感じてみてください。

http://www.jiyujin.co.jp/

物件情報を中心に、田舎暮らしがコンセプトの企業がバナーを貼っています。まだまだ全国的に見れば協賛企業や物件そのものはこれから伸びていくと思われますが、こういうサイトに広告費をかけるなら違和感がないし、自然に自社サイトへ呼び込める。それは、当然ながらコンセプトがはっきりしているからこそ。

http://www.jikyu-jisoku.com/

4章 売れるキャッチコピーはこうつくる！媒体別キャッチコピー大百科

媒体によってターゲットも響く言葉も違う

　目の前に定年を迎えた60歳のおじさんと、成人式を迎えた20歳の青年がいたとしましょう。
　至極当たり前のことですが、おじさんと青年、それぞれにかける言葉は、あきらかに違うと思いませんか？　唯一同じ声かけの言葉を探すとすれば「お年はいくつですか？」くらいのものでしょう。普段の生活スタイルはもちろん、趣味も趣向も、経験も、生きてきた時代背景も、話し言葉も、今一番興味があることも、（もちろん年齢も）まったく違うでしょう。

　実際にこの二人を目の前にすれば、あなたも、会話の糸口をいろいろ探すかもしれません。
　しかし、広告となるとあなたは途端に十把一絡げでキャッチコピーをつくってしまうのです。
　ここで言いたいのは、世代や性別に合わせて商品をとっかえひっかえしろ、ということではありません。**同じ商品でも「見方」「使われ方」がいろいろある**、ということが言いたいのです。

　如実に趣味趣向が反映されて、ふさわしいＴＰＯがあるファッションを除けば、ペットボトルの水でも、引っ越しサービスでも、りんご一個でも、すべて「視点を変える＝言葉を変える」ことで市場を掘り起こすことができます。
　たとえばりんご。
　比較的落ち着いてきた年齢層（20代後半〜）なら、りんごを贈り物の機会に使うこともあります。また、熟年層は孫がいれば食べさせてあげたいと思うでしょう。だから品質やブランドにこだわります。

一方若者なら、りんごの食べ方のスタイルにこだわるでしょう。すると、売り手としては、コンビニでどう提供するか、町中でどう提供するか、メニューとしてどう提供するかなど、真っ向からアプローチが変わってくるはずですね。
　となると、それぞれその情報に接するタイミングと場所が違いますから、情報ソース＝媒体を間違えてはいけないということです。
　難しいことを調べなくても、自分のまわりの人たちをよく観察して、何を思いながら、何に興味を持ち、どんな情報源を持っているかを眺めてみることです。そして、コミュニケーションを図ること。大人が贈り物に使いたくなるようなりんごは、どのようにしてアプローチするべきか、若者が新しいりんごの食べ方に触れられる場所はどこで、そこにはどんな情報ソースが合うのか。
　たとえば、下記のようにターゲット層を分割して、あなたの身のまわりにいる人を具体的に当てはめてみましょう。そして、その人にあなたの商品やサービスを売るなら、どんな媒体を使って、なんと声かけするか、シミュレーションしてみましょう。

▶ターゲット層分類の例

```
大分類 …… 子供
・赤ちゃん　・幼稚園児　・小学校低学年、中学年、高学年
・男子中学生、女子中学生　・男子高校生、女子高校生、受験生

大分類 …… 若者
・大学生　・専門学校生　・新社会人　・新成人

大分類 …… 大人
・20代前半、後半　・都内在住の社会人　・結婚前の女性
・仕事を持つママ　・孫がいる定年後の熟年夫婦
```

販促力は演出力

　媒体を上手に選ぶことも大切ですが、せっかくフォーカスした媒体に、的外れな広告をしていては元も子もありません。
　今までは、キャッチコピーそのものにしぼり、広告における言葉の使い方を書いてきましたが、実はそれだけでは十分ではないのです。
　この本を書いている最中にも、**時代はどんどん変わっています**。短期的なトレンドはもちろんですが、インターネットに触れるための環境やツールがどんどん入れ替わっています。インターネットの中にもさまざまな表現がありますから、通り一辺倒に、キャッチコピーだけを磨いていても、販売促進が滞ってくるでしょう。

　今や、誰もが個人のレベルで気軽に動画を発信できる環境です。動画ということは、目に見える文章だけではなく、それをイメージさせる画像が補完されて、さらに音も入ってきます。今まで言葉にしにくく、伝えにくかった微妙なニュアンスが伝わりやすくなったということです。

　たとえば、ステーキを焼く音。これはいくらポスターでおいしそうな写真を撮って、言葉を尽くしても、実際の焼ける音とこぼれ落ちる肉汁の映像のリアリティにはかないません。
　今までは、テレビの中だけの手法でしたが、撮影機器も安価になり、また映像ソフトを制作する会社も増え、地方の一般企業でも多少は手を出せるようになりました。
　だからこそ、より正しい商品への理解と、それを伝えるためのスキルが必要になってきます。
　素人からビジネス領域まで、表現の幅がどんどん広がっている時

に、いまだにどこかのチラシをモノマネしている程度で、本当に何かを伝えることができるのか？ ということです。

最近、地元の折り込みチラシを見ていても、キャッチコピーの似通い方が尋常ではありません。たとえばリフォーム関連でよく見られる言葉。

3社以上見積もりをとりましょう

このキャッチコピー、10年前ならいいかもしれません。しかし、現在ではあまりに使い古されていて、意味がなくなっているのです。

私たちもこのご時世、少しでもモノは安いほうがいい。必要に迫られリフォームしなければならないのなら、選ぶほうも慎重になります。

見積もりの値段も大切かもしれません。しかし、同じようなキャッチコピーが出ていると、自分たちのニーズに応えてくれそうなのかが、広告紙面を見ていてもわからないのです。

キャッチコピーとして呼び止める言葉が、リフォームをしなければならなくなった人たちの理由、リフォームをしようと思っている人たちの生活の断面をしっかりと切り取っていないからです。それを代弁してくれないと、見ている人の「共感」は得られません。共感を得るからこそ興味を持ってもらえるのです。

自分を含めた、みんなの共有概念のようなものをいつも感じること、いつも自分も売り込まれている立場になって考えることが、媒体の構成や演出に大きく影響します。

地方、中小の販促展開は
リレーションと立体展開だ

　今現在何もしなくても、販売ルートが確保できていて、生活にも困らない、だから特に新しいことをする必要もない。そう考えているのであれば、この先を読み進める必要はないかもしれません。

　しかし、私がさまざまなクライアントと向き合ってきた経験からしても、このままずっと何もしなくても生活が安定していく業種など、まったくないと思います。

　私が参加している地元のＮＰＯ団体は、フリーペーパーというメディアを持ち、発信力をベースにまちづくりを進める団体です。

　その中には当然ながら広告収入があるわけです。特に私はその部分を担っていますが、その小枠広告をつくる過程で感じることは、クライアントがその一回の小枠広告に売り上げを依存し過ぎなことです。

　もちろん、そうばかりではありませんが、出したら即、100％反応があると思ってしまいがちなのが、クライアントです。気持ちはわかるのですが、やはり広告に落とし込むまで、市場として成立するかどうか？　の検証が足りていません。小枠広告に限らず、広告現場での私の印象です。

　このあと、小枠広告のページでも述べますが、小枠広告は、メインの広告やホームページへつなげるためのフックになったり、人々の記憶にとどめる、一種のブランディングの役目を果たすものです。紙面も小さいので、そこだけで語ってしまうことはできないものです。

　だからこそ、キャッチコピーという一発目の言葉が大変重要な媒体です。それこそ、そこで引っかからなければ意味がありません。

このように**媒体の特性を理解して、自分が持っている媒体とうまく組み合わせる**ことが必要なのです。
　チラシだけ、小枠広告だけ、ＤＭだけ……それだけでいいはずがありません。それだけで儲かると思っていること自体が乱暴な考え方だとは思いませんか？

　私が自分のイラスト販売を行なった時にお世話になったインテリアショップの話です。現在はカフェも併設し、感度の高い顧客を抱える人気ショップです。
　しかし最初は工務店から出発して、センスのある住宅づくりを行なうかたわら、インテリアショップを通して、自社の設計に合うライフスタイルを提案していき、地位を確立していきました。
　住宅の見学会を一回やるにしても、チラシだけで集客しているかといえば、そんなはずはありません。既存客へのＤＭ、インテリアショップの顧客リストへのＤＭやメール、インターネット、冊子やカタログなど店内での告知。やれることはすべて行なっているのです。
　ところが、「反応がない」と相談される人たちのほとんどは、チラシ以外は、既存客へＤＭを送る程度。それも、そのイベントの時だけ。普段から情報を発信してもいないのに、来てほしい時だけお知らせするようでは反応は取れません。

　チラシの精度だけに集客を頼っているので、チラシが少しターゲットからずれてしまうと、たちまち反応がなくなります。しかも、そのチラシを果たしてどれくらいの人が見るかなど、考えもしないでしょう。
　中小店の広告発信は、基本的に「やれることはすべてやる」のがセオリーです。すべてやる。じゃなければ、存在にも気づいてもらえない。それが当たり前だと心得ましょう。

日本を変える仲間たち
「反響商魂研究所」

　インターネットは、知り合うはずもなかった出会いを演出してくれる玉手箱でもあります。

　2004年、私が発信していたブログに、ある関東のポスティング業を営む人からのコメントがありました。今現在は全国各地でセミナーや個別指導を行なう望月まもる、という人でした。

　彼はその頃、ちょうどポスティングの書籍も出版し、マーケティングを駆使して正面からポスティングに向き合い、また数名の仲間とそうした活動に取り組んでいました。

　ポスティングは、折り込みよりは単価は上がりますが、その分、反応も取りやすい媒体。しかし、彼らはポスティング＝単なる配布業者にとどまらない媒体づくりや配布のシステムをつくっていきました。ポスティング業とデザイナーが、真剣に「伝える」ということを突き詰めて、いっしょに活動をしてみないか？　ということになったのでした。

　そして**「反響商魂研究所」**というネーミングがつき、今ではマーケッター、イベントプロデューサー、小冊子編纂人(へんさん)、コピーライター、デザイナー、コンサルタントなど、12人の仲間で構成されています。

　この章では、私の事例に加え、仲間たちが行なっている事例も紹介しながら、媒体ごとに売れるキャッチコピー、売れる広告づくりを見ていきたいと思います。

　そこには、どこかで見たようなモノマネはありません。**クライアントとしっかり向き合い、クライアントの長所を存分に引き出し、確実に反応を上げている事例ばかり**です。

　これらの事例を見れば、小難しいマーケティングを使うのではな

く、自分の仕事に対する恥じない姿勢がいかに大切なのかを思い知らされることでしょう。

　実は、マーケティングだとか戦略だとか、そんな難しい言葉で表現するから、余計にわかりにくくなるのかもしれません。もっと、**自分を含めた消費する側の当たり前の感情を、**いつも感じながらキャッチコピーを考え、広告をつくる。そんなシンプルな繰り返しが大切なのかもしれません。

【「反響商魂研究所」主なメンバーの紹介】

望月まもる
（有）アルファポスティングシステム代表。チラシ、ポスティングを代表とする地域集客成功の秘訣、反響・効果が出る広告媒体の使い方、広告ツール制作などについて全国各地でセミナーを開催。著書に『儲けるポスティング損するポスティング』（龍門出版社）がある。
http://hankyo.jp／

川上健太郎
THE 面白本舗（株）代表取締役社長。ビデオ・DVD をお店に卸す業者として、「小冊子」と「ニュースレター」で営業活動を開始。そのクオリティが評価され、セールスライティングが本業に。集客プロデュースから、ニュースレター・冊子の企画制作、イベント、オリジナル商品開発、新規事業の立ち上げまで、「日本が今よりももっと元気になる」提案と実践を日々続けている。
http://www.the-omoshiro-honpo.net/

梅垣揚太
集客磁石代表。集客コンサルタント、コピーライター。沖縄在住。広告代理店勤務を経て独立。沖縄県内での反響広告の第一人者として、シンプルな理論とあくなき実践を武器に「急激に売り上げを伸ばす常識破りのマーケティング」を企業に提供。クライアントの売り上げを伸ばすことだけに集中する姿勢と、エンドユーザーの立場から発想する常識破りな企画力には定評があり、その守備範囲は広告制作から販売戦略、商品開発と多岐にわたる。特技は売り上げを生み出すコピーライティング。
http://www.customermagnet.jp/

チラシ・DM編

1 包み隠さず全部吐き出す

　では媒体別でのキャッチコピーの特徴を探っていきましょう。まずは、広告媒体のスタンダードであるチラシとDMから。

　普段、広告を制作する上で「困ったなぁ」と感じることは、クライアントが紙面で「中途半端なウソをつく」ことです。
　クライアントはちょっとしたことだと思っているのですが、それによって、全体の流れに支障をきたしたり、つじつまが合わなくなる場合があります。すると表現が煮え切らないものになり、結果的に何が言いたいのかわからなくなり、チラシに反応がなくなる。
　その原因には大きくわけて2つあります。

・商品やサービスの質のよさを言い切れない場合
・商品やサービスの物足りなさを隠す場合

　チラシやDMは、もとより売り込みなのですから、媒体そのものに信用力はありません。特に地域でやっている商売なら、精一杯商品のよさを、消費者にとっていかにメリットがあるかという視点で語ってほしいのです。

　それを表現するのに、あるかどうかもわからない他業者からのやっかみが気になって、言いたいことを言えない。これはよくあります。しかし、本物の商品を扱っているなら、ちゃんと教えなくては消費者に対してやさしくありませんよね。
　せっかくのいいものを当たり障りのない言葉で表現することほど残念な作業はありません。そこには企業の独自性やクリエイティビティのかけらもありません。だから、自信を持ってキャッチコピー

を、言葉を発してください。

　もうひとつ、サービスの物足りなさを隠す場合。これも同じく隠そうとするために表現が曖昧になるパターンです。こういう場合は、隠すのではなく、他に自慢できる、アピールする点を見つけてください。
　たとえば、中部地方では知らない人はいないと言われるカメラ店のキャッチコピー。

店員は無愛想だがカメラは安い、アサヒドーカメラ

　当時、地方CMでこれが流れた時は強烈でした。とても戦略的なのは「無愛想」は「カメラが安い」ということをうたうための枕であること。実際にはふつうの対応なんですが、無愛想と言っておけば、実際には悪くない接客にむしろ印象がアップするという巧みな技です。

> **売れるキャッチコピー大百科　その1**
> 自信のあることはとにかく言い切る。
> 自信のないマイナス面は、ネタに使えるくらいの度量を持つ。

チラシ・DM編

2 お店を整理できているか

　チラシに載っている内容が、実際のお店の中身を体現していますか？　お店の中身がチラシを超えていれば、それはいい意味での裏切りですが、チラシばかりが豪奢で、実際のお店がみすぼらしいようでは困りますね。だまされた気分になります。きらびやかなお店だけが売れるお店ではありません。あなたの**人間性**をチラシの前面に持ってきてもいいし、今の**お店のポリシーやありのままの姿**を出してしまうこともひとつ。

　なぜそれがよいのかというと「お客様を選べる」からです。お客様は選ばなければいけません、なんて書くと「今どきそんな殿様営業してたらつぶれちゃうよ」という声が聞こえてきそうです。
　しかし、実際には違います。儲かっている店と会社は、やり方はどうあれ「お客様をきっちり選んでいる」ということです。誰にでも好かれようと八方美人では、メッセージが弱いのです。

　右の例は、神戸の美容室さん。女性の美容師さん一人で経営するお店。チラシをご自身でつくられているようですが、ものすごいインパクトです。
　このチラシは、一部を除いてほぼ手描き。写真も切り貼りしてつくっています。ごく近隣に1,000枚くらい折り込みをしているだけ。イヤな客は一切来ない、そしてご自身が楽しく暮らしていけるだけの仕事は十分にあるのだとか。

　紙面の流れだとか、印刷物の体裁だとか、そんなものはもはや必要ありません（そうは言っても小技は効いていますが）。客は彼女のこの「ノリ」についてこれるかどうか？　それが彼女からのメッ

セージなのです。自分としっかり向き合えていて、事業の目的も規模もマインドも整理できているからつくれるのです。

このチラシは、学ぶところ満載です。

> **売れるキャッチコピー大百科　その2**
> 筋の通ったメッセージを持つ！
> そしてお客様に迎合するな！　お客様に挑戦するのだ！

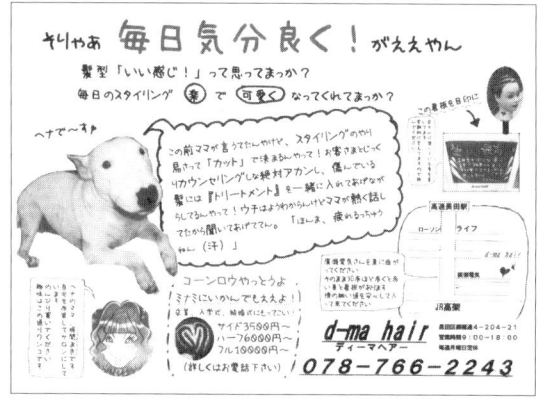

家族のワンちゃんをモチーフにしています。素人っぽく見えて、吹き出しや囲み線の使い方など、実はテクニックも。確信犯か?!

4章　売れるキャッチコピーはこうつくる！媒体別キャッチコピー大百科

チラシ・DM編

3 キャッチの法則

　チラシ、特に折り込みチラシの場合は、消費者は同時に他にもさまざまな業種のチラシを目にするわけです。そんな中で、いかにインパクトをもって見せられるか、ということをあなたも考えながらつくっているでしょう。

　たくさんのチラシの中で、一定のインパクトをもって言葉を読ませるためには、大きく表示させる必要があります。

　しかし、業種によってはそれなりの「品」が必要なものもあり、センスよく見せるためには、大きければいいというわけでもありません。このあたりの線引きはとても曖昧で、依頼している印刷会社や代理店任せというのが実情だと思います。また、判断材料もありません。

　そこで、チラシにおける、キャッチコピーの「大きさ」の基準をお教えしましょう。

【キャッチ１／５の法則】
　メインのキャッチコピーは、紙面の１／５の面積を基準に考えます。どの業種でも、最低この大きさは保つようにしましょう。これ以下になると、紙面の流れを決める出発点（アイキャッチ）としての力が弱くなってしまいます。

　これはデザイン上のデリケートな部分なのですが、例外は、紙面いっぱいに写真を使用し、その写真のインパクトでメッセージを伝える場合。この場合は、写真を効果的に語らせるよう仕向けるため、写真を邪魔しない大きさである必要があります。

　同じことを言われていても、声のボリュームが大き過ぎるとうる

さく感じること、ありますよね。心地いいボリュームで話す人というのは、話し方から、相手との距離感、タイミングなど、いろいろ心得ている人だと思います。**相手がその言葉を言われて、心地よく感じる感覚をそのまま**チラシで表現してください。自分が対面販売しているのと同じと考えてください。

【キャッチ１／３の法則】

　あなたの商品が、ファッション性よりも機能性を売る場合、また、セール、オープン、イベント関連を告知する場合は、紙面の１／３を基準にキャッチコピーを配置しましょう。

　さらに細かく言っていくと、商品や業態がひとつのキャッチコピーで多くのターゲット層をつかめる場合は、１／３の面積比で思い切った大きさで書いてください。

　あなたの商品が、ターゲット層を高い精度で選ぶ場合は、そのターゲット層に合わせて、さらには、デザイン性も加味して考える必要があるでしょう。

売れるキャッチコピー大百科　その3
キャッチコピーには最適な大きさの法則がある

> チラシ・DM編

4 見た目も大事

　さて、チラシの種類によってキャッチコピーの面積比を考える、ということを前項で書きました。次はキャッチコピーの見え方を考えてみましょう。

　というのも、紙面でキャッチコピーの面積だけ大きくして見やすくなるかというと、決してそうではないのです。印刷用の書体（フォントと言います）には、同じ種類のものにも太さのバリエーションがあり、使用サイズに適した太さがあります。それを見極めるには下記のような要素を組み合わせて考えます。

・どんな物言いか？（強く言い放つのか／静かに語りかけるのか）
・ターゲット層のイメージは？
　例）子供／若者／熟年層／女性／男性
・文字数は？→キャッチコピー全体の文字の密度を計る
・デザインコンセプト

　これによって、どんな雰囲気の文字が、よりリアルにその言葉に表情を与えるかを見極めていくのです。

　たとえば20代後半以上の女性がターゲット層なら、落ち着いた明朝体（この本文に使用しているような書体）を使用するのがふつうです。あとは、具体的に何を言っているかによって、文字の表情を変えていきます。言葉の中にびっくりマークが入るようなキャッチコピーなら、強く印象付けたいわけなので、太くする。これが、あまりにも品性を欠くようなら、太さを少しずつ細くしていって、一番メッセージの物言いに合った表情にしていきます。

ただ、これは本来デザイナーの仕事なので、あなたは、その考え方を把握してもらえればOKです。

売れるキャッチコピー大百科　その4
キャッチコピーは衣装も（意匠も）大事

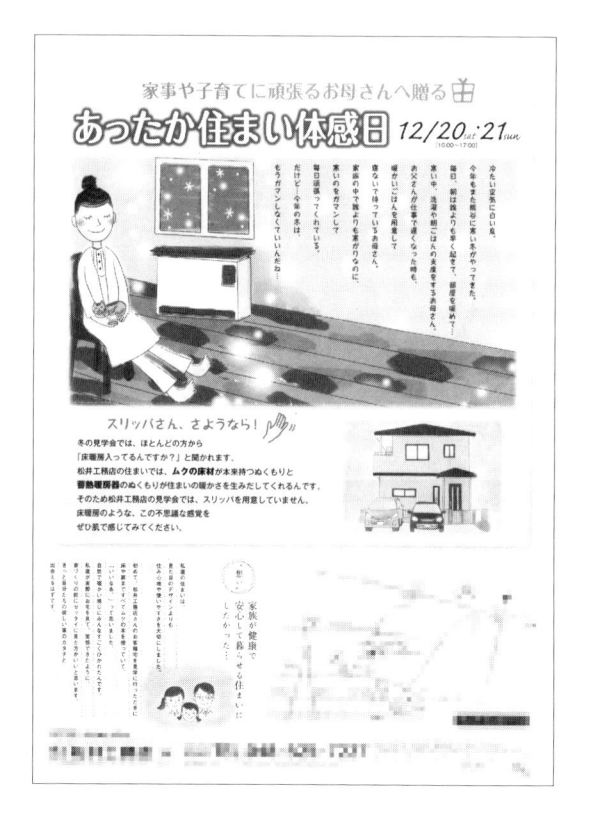

ご夫婦二人で一所懸命考えてつくられた、心の込もったチラシです。コンセプトもいいですね。「あったか」という言葉によく合った影のデザイン処理。書体もベストなやわらかさです。「スリッパさん、さようなら！」の手書き書体もかわいい。なんとイラストも奥様が描かれたという力作。3万枚配布で40組以上を集客。お見事です。

チラシ・DM編

5 どんな見た目で何をいうか

　さて、前項でキャッチコピーの見え方について、あなたが伝えたいメッセージに適した書体や太さがある、と説明しました。それらは、全体のデザインコンセプトによって、さらにお化粧されていきます。

　その前に。イメージしてみてください。

一枚のチラシが本当に声を出してしゃべり出したとしたら。

　そうです、チラシにキャラクターを与えるように考えてみてほしいのです。チラシはいわば営業マンです。この営業マンが、どんな見た目で、どんな服装でいたら印象がいいか。どんな風にお客様にアプローチして、どんな順番で何を言うのか。

　この理想型を考えて、イメージされる架空のキャラクター像をつくるのです。または、あなたのチラシを朗読してくれる声の主をイメージするような感じです。誰のどんな声がふさわしいか。それを想像するだけで、なんとなく色味や動きが感じられないでしょうか？

　ちょっと難しいかもしれませんが、そんなイメージを常に行なうようにすると、書体の選択もずれないようになってきます。

　書体は、適切に使えば、驚くほどその言葉を「声」にしてくれます。まるで誰かが語りかけるように表情を持ちます。

　わかりにくい方は、こうイメージしてください。書体は顔、文字の大きさは声のボリューム、紙は体、デザインは服装。こんな風に考えると、おのずとデザインの方向性が見えてくると思うのです。

ただ、これは本来デザイナーの仕事なので、あなたは、その考え方を把握してもらえればOKです。

> **売れるキャッチコピー大百科　その4**
> **キャッチコピーは衣装も（意匠も）大事**

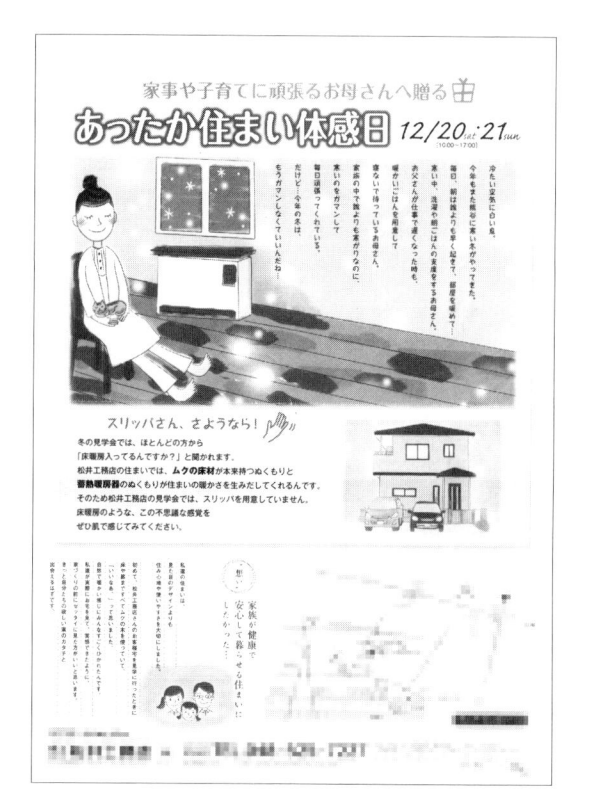

ご夫婦二人で一所懸命考えてつくられた、心の込もったチラシです。コンセプトもいいですね。「あったか」という言葉によく合った影のデザイン処理。書体もベストなやわらかさです。「スリッパさん、さようなら！」の手書き書体もかわいい。なんとイラストも奥様が描かれたという力作。3万枚配布で40組以上を集客。お見事です。

> チラシ・DM編

5 どんな見た目で何をいうか

　さて、前項でキャッチコピーの見え方について、あなたが伝えたいメッセージに適した書体や太さがある、と説明しました。それらは、全体のデザインコンセプトによって、さらにお化粧されていきます。

　その前に。イメージしてみてください。

一枚のチラシが本当に声を出してしゃべり出したとしたら。

　そうです、チラシにキャラクターを与えるように考えてみてほしいのです。チラシはいわば営業マンです。この営業マンが、どんな見た目で、どんな服装でいたら印象がいいか。どんな風にお客様にアプローチして、どんな順番で何を言うのか。

　この理想型を考えて、イメージされる架空のキャラクター像をつくるのです。または、あなたのチラシを朗読してくれる声の主をイメージするような感じです。誰のどんな声がふさわしいか。それを想像するだけで、なんとなく色味や動きが感じられないでしょうか?

　ちょっと難しいかもしれませんが、そんなイメージを常に行なうようにすると、書体の選択もずれないようになってきます。

　書体は、適切に使えば、驚くほどその言葉を「声」にしてくれます。まるで誰かが語りかけるように表情を持ちます。

　わかりにくい方は、こうイメージしてください。書体は顔、文字の大きさは声のボリューム、紙は体、デザインは服装。こんな風に考えると、おのずとデザインの方向性が見えてくると思うのです。

だらしない、見た目にイケていない美容師に、ファッションセンスを語られても不愉快なように、あなたの商品に合ったデザインの見た目が必ずあるということです。

ただし、あなたがどんな想いでその商品を世に問うているかをきっちり整理していないと、デザインはもとより、本文やキャッチコピーもできませんので、まずはそこを固めてください。

売れるキャッチコピー大百科　その5
キャッチコピーは声を出してお客様に語りかける

これはタグライン（70ページ）でも登場した岐阜県のホームビルダーのチラシ。脱・シックハウスを軸に、戦前をお手本とした自然素材を使って、昔ながらの職人の手仕事で家づくりをしています。ちょっと古めかしくて、でも強い明朝体は、しっかりとした口調でゆっくりと語りかけてきます。紙面の半分が写真も含めたアイキャッチゾーンになっていて、煽らない緊張感を出しています。各地域で2万〜3万枚折り込みをして、40組以上の集客をコンスタントに実現しています。

レター・冊子編

1 作文が苦手でも大丈夫

　セールスレターは、DMを送る際に、必ず加えておきたいアイテムです。言い換えれば「お手紙」です。あなたのところに届いた贈り物に、手紙が添えてあるかないかで、贈り主への印象が変わると思いませんか？　確実に好感度が上がりますよ。それとまったく同じなのです。

　ところでDMをつくる際、セールスレターを加えることを渋る方が多くいます。費用がその分余計にかかるためです。
　実に残念です。私は本末転倒だと思います。買ってほしいカタログだけを送りつけて、さらに横着なところは注文用紙まで渋り、お客様が非常に注文しづらい電話対応だけにしてしまう。買う側の立場になってみたら、いかに使いづらいかわかりますよね。
　さらに言い換えれば、お手紙は「あいさつ状」です。あいさつは基本と子供の頃、学校で学びました。私たちは親になれば、自分の子供にそうしつけています。そうです、セールスレターを入れないということはあいさつしないことと同じです。

　じゃあなぜ入れないのか。ほとんどの人が作文が苦手だからです。なんて言っている私も、実は大の苦手でした。読書感想文でほめられたことなんて、ただの一度もありません。
　しかし、今はこうしてビジネス本を書いているし、クライアントのセールスレターの代筆もします。だから、あなたにできないわけがないのです。自分の気持ちや思っていることをそのまま書くだけのことです。形式張った書き出しにとらわれる必要もありません。間違っても、手紙の文例集など真似てはいけません。自分の言葉で話すように書く。ビジネスのセールスレターは、あなたが思ってい

るほど難しくありません。

下記の事例の内容全文を次ページに掲載します。

売れるキャッチコピー大百科　その6
あいさつは基本。だからあいさつのお手紙も基本。

45ページ掲載のほしいものDMカタログとともに送られたあいさつ状。

●あいさつ状事例：全文

　いつも浜喜のほしいも〈水戸黄門漫遊記〜常陸の国〉をお買い上げいただき、誠にありがとうございます。今回もとっておきの自然の恵みを、たくさんご用意しております。
　前回のお手紙では、ほしいもの種類を豊富に載せることができず、掲載されなかった商品をいつも楽しみにいただいていたお客様には、ご迷惑をおかけしまして申し訳ありませんでした。今回は、ギフトセットとお家使いを分けて、お買い求めやすくしてありますので、どうぞご利用ください。特に五年熟成・こがねほしいもは、限定数量の在庫も少なくなってきております。まだご賞味いただいていないお客様はぜひ、この機会にどうぞ。

　さて、浜喜には実はもうひとつの顔があります。
　海産物の仲卸から始まった浜喜。1950年代から約半世紀にわたり、鰹節（かつおぶし）、わかめ、海苔（のり）、煮干し（にぼし）、昆布（こんぶ）など、〈だし司（どころ）〉として、私たち日本人の食文化を大切にするために、天然ものにこだわり続けてきました。今、健康問題に関心が高まるにつれて、これらの自然健康食品が大いに注目されるようになりました。食物繊維、ビタミン、ミネラルの含有量の豊富さ、有害物質の排除効果、体脂肪、コレステロールの減少作用など、成人病の予防効果などが認められ、見直されています。すでに浜喜のおだしをお使いいただいているお客様のお便りもご覧下さい。

　「梅吉さん」のおかげで我が家の食卓が明るくなりました。
　子供がお味噌汁をあまり好きでなかったのですが、浜喜さんの「梅吉さん」を使ってだしをとるようになってからというもの毎日喜んで食べてくれています。そのおいしそ

うな子供の食べっぷりを見ていると、つられて私のほうも思わず笑顔になってきてしまいます。するとつられてみんなも笑顔に（笑）。

　核家族化が進み、食卓に集まることがなくなってきていると言われていますが、我が家では毎日笑顔が絶えない食卓になり、晩御飯をみんなが楽しみにしてくれています。笑顔の絶えない食卓を提供してくれてた浜喜さんの「梅吉さん」に感謝の気持ちいっぱいです。（千葉県／Ｔさま）

「笑顔の絶えない食卓」、素敵ですね。

　いつも「梅吉さん」をご利用いただきありがとうございます。素敵な食卓づくりに貢献できて喜びでいっぱいです。和食の基本である、だしを極めて、もっとたくさんの笑顔が生まれる食卓づくりのお手伝いができるよう、私たちも気を引き締めて努力いたします。これからもおいしい料理をつくって家族団欒を満喫してください。浜喜は天然だし（鰹節、煮干し、昆布、シイタケ）や海産乾物、農産乾物を基本にしながら、健康づくりに役立つ食品の取り扱いをもっともっと広げてゆきたいと考えています。

　浜喜のほしいもがこれほどまでにあなた様にご支持いただけるのも、おいしくて安全な食に対する私たちのこだわりが、ほしいもにもしっかりと活きていると自負しております。

　浜喜は「天然だしと乾物の専門店」として安心で体によく、そしておいしい食生活の実現のために役立つ企業を目指して日々前進して参ります。

　あなたの大切な方にも、ぜひこの最高級の味わいをおすそわけしてあげてください。

　本物をお探しのあなたに、きっとお役に立てることでしょう。

レター・冊子編

2 レターはよくも悪くも個性のかたまり

　レターや小冊子など、長文を書いていると、その人の口癖と同じような言い回しが何度も出てきたり、文法が狂ってくることがよくあります。

　プロじゃないんだから、当たり前。そう言ってしまっては進歩がありませんから、ぜひ、印象よく見せるためのコツを少し学んでみましょう。

【好きな作家になりきってみる】
　これはいいトレーニング法です。私もよくやりますが、あなたも憧れる作家の一人や二人はいると思います。その好きな作家の文体や言い回し、論調をそのまま真似てみるのです。言っていることを真似るのではなく、「この人だったらこう書くだろう」ということを思いながら、書いてみます。すると不思議なもので、ちょっとうまく書けたように感じるのです。

　これはすぐにでもできることなので、ぜひやってみてください。

　さて、右の事例をご覧ください。これは、群馬県にある、長寿命住宅協同組合が発行している小冊子。

脱・もったいない家づくり

　2004年にノーベル平和賞を受賞したワンガリ・マータイさんが、日本語の「もったいない」という言葉に感銘を受けて「MOTTAINAI」キャンペーンを行なったのは、まだ記憶に新しいところです。そうした言葉を冠して、そのタイトルだけで何を言わんとしているかを表現したタイトルです。

小冊子は思想の流布ですから、タイトルにもぜひ表れていてほしいものです。

> **売れるキャッチコピー大百科　その7**
> **文章を書くなら、プロの胸と癖に身を預けてみる。**

脱・もったいない家づくり

長寿命住宅協同組合

デザインは凝らなくてもいいですが、このような多少の味付けを。

レター・冊子編

3 「である」べき発想を捨てる

　１章でも、同じフレーズが出てきました。しかし、ちょっとここでは言いたいことが違います。

　私たちのような（私は文筆業がプロではないのでここではこう表現します）素人が、文章を書こうとすると、やたらと表情の硬い文章になってしまいます。

　私は、地元でフリーペーパーを発行しているＮＰＯ団体に所属しているので、それらの記事を最終的にまとめてデザインする役割を担っています。

　そこで気になることは、記事の中に「〜である」という言葉が多発していることです。「である」なんていうのは想像しただけで頑固じいさんが発している感じがしますよね。

　この他に「〜にて〜」という言葉のこれまた多いこと。あとは、ほんわかした雰囲気の中に突如出てくる逆説の「だが」。

　ブログなどでもとてもよく見かけます。あなたも、文章を書いている時、ついつい使ってしまいがちな言葉ではないでしょうか。

　読んでいても、さほど間違っているわけではありません。しかし、このわずかな違和感と引っかかりが、もう一歩文章に「人の心をつかむ」力がない原因のひとつだと思うのです。

「○○保育園では、毎日上半身はだかで元気な子供たちがマラソンをしているのである。そこで編集部はさっそくお話を伺ってきました！　実は○○保育園の……」

「うちの家族はみんなお風呂嫌いなのだが、一番風呂を誰にするかで毎日じゃんけんして決めているくらい」

なんだか違和感がありませんか？　そう、**話しのトーンに言い回しが合っていない**のです。そういう「ん？」という歪みが蓄積されると、自然に記事を楽しんで読めないのです。こういう場合は「マラソンをしているんだとか」や、「みんなお風呂嫌いなんだけど」という言い方が会話上自然でしっくりくるでしょう。

　これは前項でも言ったように、女性なのか、男性なのか、友達に教えるように話すように書くのかなど、キャラクター設定を自分に植えつけておかないから、文体を保てなくなるのです。長文になるとそれは随所に表れてきます。
　勘違いしてほしくないのは、「である」「にて」「だが」を使ってはいけない、と言っているのではなく、**自分のキャラクターに合った言い回しで統一してほしい**、ということです。
　あなたもせっかくがんばってお手紙をしたためるのですから、あなたの一言でお客様を感動させたいではないですか。こんなちょっとしたところにも気遣いをするだけで、文章はいきいきしてくるものです。

売れるキャッチコピー大百科　その8
些細な言い回しで、セリフを台無しにしていないか？

レター・冊子編

4 「気」承転結があなたの個性

　最初の一言目。どんな場合でも、キャッチコピー、とりわけ長文になるレターでは、次を読ませるという仕掛けがいります。自然体で書いて、見事な文章が書ける素人はほとんどいません。
　ですから一行目にあなたの「気」を入れ込むのです。というと、精神論になってしまいますので、あくまでイメージと思ってください。それくらい、一言目が大事なんですよ、ということです。

　ここでは、小冊子を例にとりますが、右の事例のように、「どこかで聞いたようなフレーズ」というのも、実はひとつの手法です。
　いわずと知れた『金持ち父さん　貧乏父さん』というベストセラーのタイトルで王道のフレーズですが、実際、本屋を眺めてみても、似たようなタイトルは多いですね。ちょっと視点を変えたもの、あからさまにパクリなもの、いろいろあります。
　このタイトルを見てみましょう。

元アスリートで、引退後仕事がうまく行く人。
元アスリートで、引退後仕事がうまく行かない人。

　この著者は、元アスリートの引退後の人生をサポートする事業なので、新しい価値観を伝えるためには、冊子にすることが最もよいだろうとなったわけです。だから、このタイトルがターゲット層にダイレクトに響くのです。
　実際に、多くのJリーガーやプロ野球選手が読んでくれているそうです。やはり、彼らが一番気にしている部分ですよね。
　これを上手にヒットした言葉に乗せることによって、パワーも一段と増します。手にしてしまったターゲットで、将来が読めない人

たちは、確実に読んでしまうことでしょう。

　そこで、もうひとつのノウハウ。小冊子は、長いのですが一気に読んでもらわないといけません。だから「目次はつけない」ほうがいいです。目次をつけてしまうと、読んでほしい部分を飛ばし読みされる可能性があります。それだと、小冊子の威力が落ちます。小冊子はいわば、短時間で催眠状態にするのが目的です。その世界に引き込むには、一気に読ませないとダメなのです。

> **売れるキャッチコピー大百科　その9**
> **一言目で、完全に引き込め！　そして一気に読ませろ！**

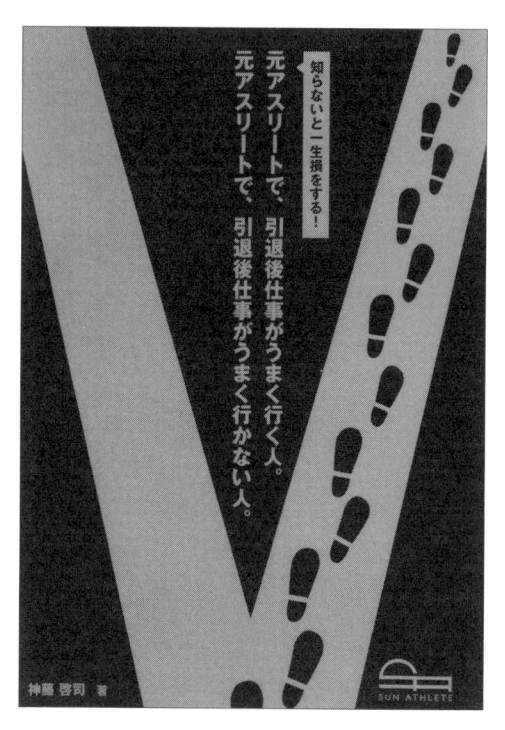

　　　色合いは黒とオレンジで、スポーティな雰囲気を出しています。
　　　「知らないと一生損をする！」と言われちゃうとやっぱり気になる！

> ニュースレター編

1 とにかく続けることが大切

　ニュースレターは、わかりやすく言えば「学級新聞」のようなもの。私には保育園に通う息子がいますが、園から月間でもらうお便りも、ニュースレターそのものと言えます。

　普段知ることのできない子どもの様子や、園での生活がかいま見れ、私も楽しみにしています。担任の先生にも親近感が湧きます。

　ニュースレターはもうこれ以上の説明がないくらいシンプルなツールですね。既存客との距離をグッと縮めるためのコミュニケーションツールです。

　さて、ニュースレターの最大の難門と言えば**「継続発信」**ではないでしょうか。ネタが切れてしまうんじゃないか、なんていう心配をよく耳にします。しかし、まったくその心配はありません。

　お風呂の排水溝が詰まったら、シャワーを浴び続けることができません。でも、きれいに水が流れれば、安心して新しいお湯を流せます。そう、出力すればするほど、書くネタはどんどんやってくるのです。水は流れるほうへ流れていきます。それといっしょです。

　だから、何が何でも続けることが大切です。最初はどんな体裁でも構いません。どんなに文章が下手でもいいです（出す前に見直しはしましょう）。

　見渡してみれば、何かひとつくらいは伝えられることがあるはずです。何を伝えていくのか、その姿勢はやはり「タイトル」に表れてくるでしょう。まずはネーミングセンスといったところでしょうか。顧客がひいてしまうような下品な表現や、当て字過ぎて読めないとか、無理矢理で意味不明なダジャレなどに気をつけて、「くすっ」と笑わせられるにしましょう。

　ニュースレターですから、あなたの会社、お店の中で起こった

「ニュース」を書けばいいのです。そこで、社員が登場すれば、今までお客様が知らなかった、内部の雰囲気が見えます。それだけでもずいぶん印象が変わってくるはずです。

しかし、即効性を求めてはダメです。売り込み臭いのもNG。あくまで、距離を縮めるためです。目的を間違えないようにしましょう。

> **売れるキャッチコピー大百科　その10**
> **ニュースレターはタイトルがキャッチコピー。**

創刊間もない2008年当時（上）と、2010年夏号（右）。肩の力が抜けてすっきりしたイメージ。毎号おまけでつくサンプルが、好評なんだとか。

ニュースレター編

2 売るのではなくさらけ出す

　ニュースレターは、コミュニケーションツール。だから、焦って紙面でセールスする必要はありません。保育園のお便りや学級新聞で、毎回毎回モノを売られていたら幻滅しますよね？　だから、レターの紙面で売ってはいけないのです。売りたければカタログやパンフレット、チラシを別に封入すればいいのです。そのほうがDMとしてもボリューム感が出て、見るほうも楽しいと思いませんか？

　これも、ニュースレターでは押さえておかなければいけないセオリーです。

　だからこそ、目一杯あなたをさらけ出す必要があります。

　右の事例は、東京都内近郊に15院（2010年夏現在）運営するひらい整骨院グループの「スタッフとその家族向け」のニュースレター。もはや社内報ですね。それを、患者さんにも配布しているところが、アットホーム感を出すコツではないでしょうか。

　これ、テキストはもちろん、企画構成も紙面割り（レイアウトの素案）もすべて社内でやっています。紙面からぐいぐい「内輪ノリ」が伝わってきますね。少々紙面がうるさく感じますが、むしろそのくらいのほうが手づくり感が出ていい。よい意味で「素人感覚」が出ていたほうが、ニュースレターにはちょうどいいのです。

　では、タイトルを見てみましょう。

メラメラと熱く燃えるぜ！　情熱新聞

　「○○新聞」は定番でわかりやすいですね。中には、情熱アレルギーの人もいます。しかし、それでお客様の選別ができるわけです。これもポリシーの表れです。「明るくて活気のある医院なんだ

ろうな」というのは間違いなくわかります。仕事熱心にも感じます。

　紙面はカラーで、赤、黄ベースのかなり派手な仕上がりです。Ａ３サイズの２つ折り、1,000部程度の発行です。多店舗展開しているところは、各店舗同士のコミュニケーションが普段はとれません。社内報はそんな時に内部の気運を高めたり、つながりを強化できるツール。それをそのまま外部向けニュースレターとする発見が素晴らしいです。

> **売れるキャッチコピー大百科　その11**
> **ノウハウはいらない。ポリシーを言えばそれでよし。**

スゴくアツい紙面。
でも楽しさがガツンと伝わってきます。

> ニュースレター編

3 楽しめば楽しむほど社員もお客も変わる

　ニュースレターが、その他の広告ツールとは大きく性格が違うということを、もうあなたは気づいたでしょう。

　第一に、継続発信していくこと。そして第二に、商品を売り込むのではなく、自分たちをさらけ出すこと。

　そして、三つ目。それは「**つくることを楽しむこと**」です。右の事例を含めた、これまでの三つの紹介事例に共通していることは、社員全員が、会社のポリシーに完全に賛同していることです。何でも個人情報といわれるこの世の中、社員全員が「自分を出す」ことに賛同するというのは、非常に難しいです。

　右の事例は、埼玉県にある栗原会計事務所のニュースレター。栗原さんなので栗がモチーフ。タイトルは「くりがわら」。かわら版のことです。色は栗らしい茶色や柔らかい黄色を使用しています。

　このタイトルにはタグラインがあります。

栗原会計についつい関わっちゃったあなたにお送りするかわら版

　いいですねー。脱力感があってついつい油断させられますが、実はこの会計事務所、入社時にこのニュースレターで「自分たちをさらけだすこと」にコミットメントさせられるというのです。なんとそれが入社の条件。どうでしょうか、この徹底ぶり。

　顧問先からすると、士業の人たちは、下手な質問すると怒られるんじゃないかなど、どこかとっつきにくいイメージがついてまわります。連絡を取りづらいという印象を払拭したかった社長が、「また今月も元気にやってるね、栗原さんとこ」と、思ってもらえればそれでいい、気軽に声をかけられるような存在でありたい、という

思いでつくったかわら版。まさにコミュニケーション機能を備えたツールです。

> **売れるキャッチコピー大百科　その12**
> **社員みんなで楽しんでできないんだったら、やめてしまえ！**

紙面から雰囲気のよさが伝わってくる。慣れてくると、楽しくなる、だから、慣れるまではとにかく続けること。

> ホームページ編

1 やっぱりコンセプト

　ホームページほど、自由な媒体はありません。修正がいくらでも利き、ダイレクトに反応がとれ、一定レベルの自動応答ができる。24時間営業マンに変わって相手をしてくれるのがホームページです。だから、ここで言えることは全部！　言ったほうがいい。

　全部、です。いまや、ホームページの出来のレベルが、ほとんどの企業で60点〜70点以上になりつつあります。また、そういうところでないと、検索結果にも上がってきません。見てもらうことすらできない。そんな中、今から始めようとする場合、10点レベルの内容で挑んでも、まったく話になりません。この傾向は、この先もどんどん高まります。

　ホームページは、全国展開でも地方展開でも、自由に設定できます。広く浅くも、狭く深くも、設定ができる。だからこそ、情報を整理して見せないと、消費者とのピントが合いません。

　もちろん、商品・サービスが圧倒的に差別化されているのなら、その商品・サービスのニーズの声を言えば、人は集まります。しかし、そうでない場合、自店・自社の「圧倒的コンセプト」を見つけないといけません。安売り店舗ならいいのですが、どこでもあるような検索キーワードだと、結局価格競争に巻き込まれます。だから、指名検索される必要があるのです。

　そのためには、キャッチコピー云々の前に、コンセプトです。何もないものを、売り文句でなんとかしようというのはやめたほうがいいです。すぐにお客様にバレるからです。ちょっとしたコピーの心理的ノウハウなど、今の消費者は、勘でわかってしまいます。「この商品は、自分の生活に本当に必要か？」という警戒感をとても持っています。いまだにネットが信用できなくて、ネットショッピングはしない、という人もかなりいます。ですから店側として

は、何を言うか？　の前に、自分は何をやっているのか、を整理し切ることが最初にすることです。

> **売れるキャッチコピー大百科　その13**
>
> **ホームページは全部表現する。だから整理整頓しないと、何が言いたいのかわからなくなる。**

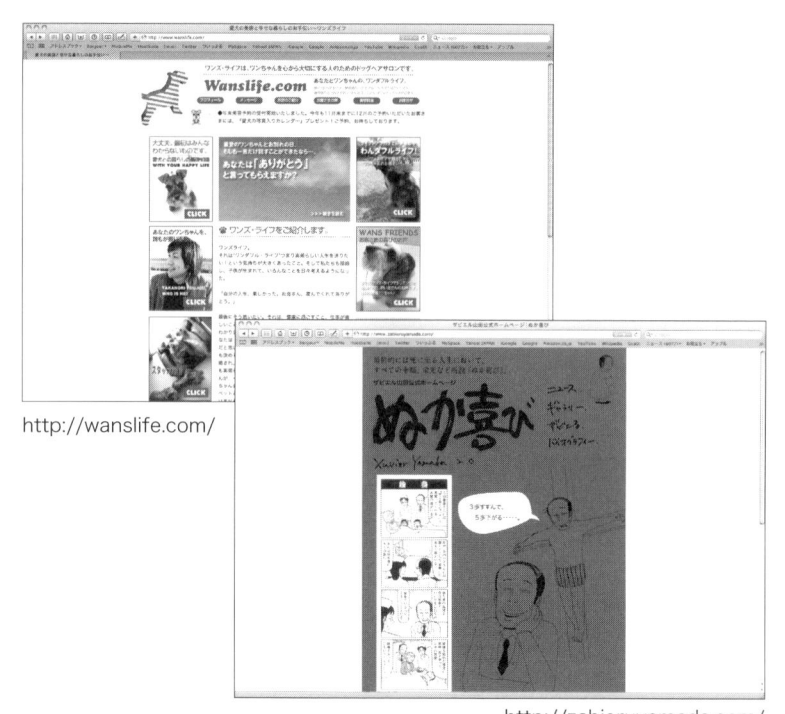

http://wanslife.com/

http://zabieruyamada.com/

上／先の例でも取り上げた犬の美容室「ワンズライフ」のホームページ。彼らの清いメッセージを優先させることと、とにかく愛らしい犬の写真が必要だと考えました。すべてのコンテンツにメッセージが活きているので、それぞれを見せられるようバランスよくアイコンを配置しています。

下／漫画家・ザビエル山田氏の公式サイト。こちらも彼のマンガの持ち味である「ネガティブシンキング」を活かしました。彼の描くキャラクターに、彼のネガティブなぼやきを日替わりで語らせます。もちろんマンガを楽しめるコーナーもあり、マニアにはたまらない内容です。

ホームページ編

2 トップページで全部言ってしまえ

　ホームページでのキャッチコピーの使い方は、雑誌などの編集デザインと似ています。
　見出し、目次があって、各内容があって、それぞれの中で、多方向に内容が膨らんでいく。次を見せるために、紙はページをめくらせる必要があり、ホームページはクリックさせる必要がある。見る側に一定の操作、行動を強いるということです。

　ですから、各内容をひとつの言葉に集約し、またはネーミングを冠して、「次へと興味を持たせる」のが基本形です。トップページはそれらを集めたハブ（中心、中核）のようなものです。雑誌で言えば表紙や目次です。雑誌のタイトルが、あなたの会社名、店名、商品名なのですが、これで指名買いされるようになれば、ブランド化していると言えるでしょう。それまで成長していくには、ニーズを代弁したタグラインやキャッチコピーがものを言います（タグラインのつくり方、考え方については3章を参考にしてください）。

　また、奥へ奥へと立体的に見せていくホームページは、的確な案内役でなければなりません。わかりやすい一言と、次を見せるための仕掛けがいります。仕掛けについては、ネット構築の特別なスキルが必要なのでプロに任せるとして、わかりやすい一言、という点に注力してください。しかも、その一言が、人が検索しやすいキーワードになっている必要があります。いくら、インパクトのあるキャッチコピーでも、あまりに突拍子もない論調では、人々の共通認識にひっかかってきません。
　奇をてらうのではなく、ターゲットが検索する言葉で、当たり前のご案内から始めてください。

（サイト名）は○○好きな人のための○○専門店です。

あとは、短い言葉でキーワードを単刀直入に表示することです。

「○○・○○（商品名）など、岐阜県産の贈り物に」

○○の通販なら（会社名）

※本書では割愛していますが、もちろん、ホームページには、表側にも裏側にも専門知識が膨大にあります。ホームページそのものの設計、記述言語の知識、ＳＥＯと呼ばれる検索エンジン対策、ターゲット層に合ったデザイン戦略、動的な表現を可能にするクリエイティブ技術、ブロードバンド時代に対応する映像コンテンツのノウハウ。競合ひしめくネットの海の中で、キャッチコピーひとつだけでどうにかなるものではありません。

> **売れるキャッチコピー大百科　その14**
> サルでもわかるご案内。それをユーザビリティと言う。

> ホームページ編

3 ホームページは売るのではなく納得させる

　たくさんの方と打ち合わせしていて、かなり定着してきたなと思うことがあります。

　ホームページでは売ろうとしない、ということです。勘違いしてもらってはいけませんが、もちろん売っていいし、売らなければいけません。が、質問に答えたり、ブログなどで双方向のやりとりができるので、お客様を「育てる」のに向いているのです。

　気になるコンテンツがあれば、向こうから積極的に見に来てくれるという利点は、顧客を「育てて」初めて得られるもの。

　ということは、これもニュースレターと同じ、コミュニケーションツールのひとつと言えるでしょう。しかも、24時間対応。

　私も10年ほど前に、イラストレーターとしてインターネットで作品を売っていました。自分で物販をしたかったのと、イラストという商品でどのくらい売れるのか試したかったのです。力を入れていたのは、問い合わせへの素早い対応と、顔が見えない分、言葉に気をつけていたこと、返信をする時は、ひな形を利用しながら、買い手一人ひとりに合わせた一言をつけ加えて、やりとりをとことんしたこと。サイトで「個人なので事務機能はないに等しい。対応は悪いです」とうたいながら、できる対応はしっかりやりました。

　購入してくれたお客様には、サンキューレターは忘れずに、定期的な新作イラストつきレターも送っていました。サイトのレイアウトも定期的に変え、当時いち早く音声ファイルのコラムを載せたり、ファンづくりにいそしみました。

　そうすれば、たかがイラストの商品なのに、どんどん売れていくのです。もう仕事の事情でできなくなってしまいましたが、購入者

の9割はリピーターでした。

　顔を見たことなくても、お互いを認め合いながらやりとりをするのは、対面販売と何も変わりません。むしろきちんと受け答えをするだけで「ここの対応は素晴らしい！」と思ってもらえるのです。

> **売れるキャッチコピー大百科　その15**
> ホームページこそ、話しかけるつもりで対応しよう。

▶例：イラストサイトの顧客フォローの流れ

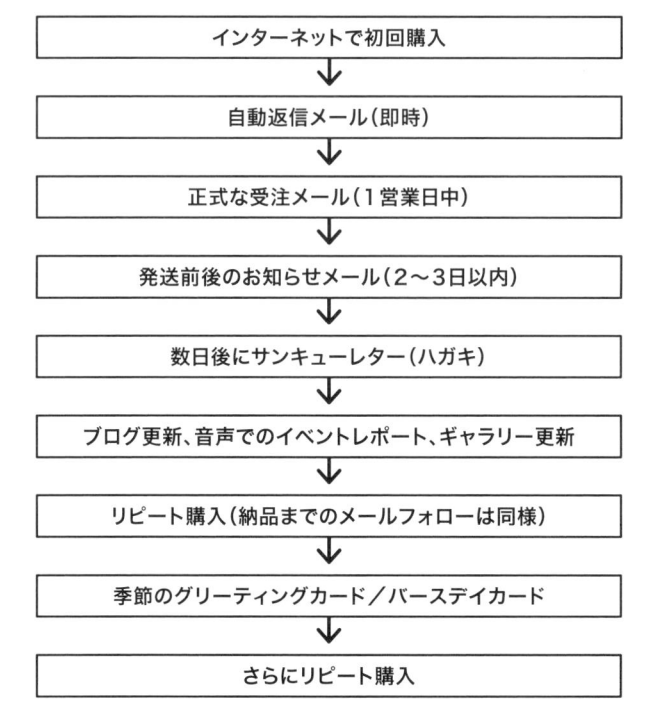

```
インターネットで初回購入
　　↓
自動返信メール（即時）
　　↓
正式な受注メール（1営業日中）
　　↓
発送前後のお知らせメール（2～3日以内）
　　↓
数日後にサンキューレター（ハガキ）
　　↓
ブログ更新、音声でのイベントレポート、ギャラリー更新
　　↓
リピート購入（納品までのメールフォローは同様）
　　↓
季節のグリーティングカード／バースデイカード
　　↓
さらにリピート購入
```

購入してからたたみかけるようなフォローが効き、
購入者の9割がリピート購入していました。

小枠広告編

1 キャッチコピーだけで勝負

　小枠広告というのは、新聞、フリーペーパー、冊子や雑誌の中で見かける、文字通り「小さな広告枠」のことです。このご時世ならWEB上のバナー広告も同類と言ってよいでしょう。

　小さいですから費用が比較的安価なため、トライアルしやすく継続発信できることが最大の利点と言えます。

　注意しておきたい点が**媒体力**です。その媒体自体に影響力がなく認知されていなければ、いくら安価で継続発信していても、そもそも「見込み客数」が圧倒的に少ない可能性が高い。これを頭に入れておかなければなりません。

　トライアルしやすい反面、小枠広告は紙面が限られるため、メッセージを厳選しなければいけません。その広告面ですべて言ってしまおうとせず、広告に興味を持った見込み客を次の行動へ誘導させること。これがセオリーです。

　それにもかかわらず、これでもか、これでもかと、どう考えても入りきらない内容を入れたがるのがクライアント。あなたも経験がありませんか？　せっかく厳選されたメッセージが、余計な情報で薄められていく過程を、私たちは現場で見ているのですが、それはもう、お湯が多過ぎて味も香りもすっかり消え去ったコーヒーのようです。もちろんそんな茶色いだけのお湯なんて、飲む気になりません。

　むしろ小枠広告は「キャッチコピーそのもの」と言ってもいいと思います。キャッチコピーが次を読ませるための仕掛けなら、小枠広告は購買行動もしくは次の広告紙面へ移すための仕掛けです。

　小枠広告は、下記のように大きく分けて三種類あります。

- 記事風広告
- 名刺広告
- ティーザー広告（ティーザー・アプローチ※）

　これをもとに、小枠広告に最適なキャッチコピーを探っていきます。

※じらし広告のこと。商品名、価格、形態などの情報をわざと載せず、見た人の興味をかきたてる広告手法。新製品のキャンペーンによく用いられる。いろいろな媒体を使うメディアミックスができていないと、単体では無意味な広告になるので注意。

> **売れるキャッチコピー大百科　その16**
> 小枠広告の3拍子。「紹介」「チラリ」「じらし」

小枠広告編

2 伝えることはたったひとつでいい

　先に述べたように、小枠広告は限られた紙面でどれだけ効果的なメッセージを発信できるかがポイントです。

　右の事例をご覧ください。

　これは、前途の地元読み物系フリーペーパーに掲載したメガネ屋アイウェアショップ ami の広告です。

　ami は、地元で随一のこだわりブランドを扱っています。店長の古田さんは自称「メガネバカ」というほどのメガネ好き。ですから、そのこだわりの商品を目一杯見せたいところですが、この広告はメガネ販売ではなく「修理もできる」ということだけをうたっています。

メガネの修理なら、amiにご相談ください。

　実はこのコピー、本来は電話帳広告に最も効果のある言葉なんですね。電話帳は「今すぐ」のお客様がほとんどですから、単刀直入でピンポイントのメッセージがいいんです。

　しかし、掲載したフリーペーパーの特集は戦前戦後の地元を特集したものでした。そこで、このテーマ性と読者に熟年層が増えることを予想し、モノを売るのではなく、思い入れを大切にしたサービスを売るほうにシフトしたのです。

　すると、普段とは電話の鳴り方がまったく違ったのです。毎号広告を出していましたが、この号がダントツに反応があったと言います。

　メッセージが絞られると力強くなるため、結果的に多くの人に響くようになる。だから、小枠広告では伝えることはたったひとつで十分なのです。

デザイン的にも、そのコンセプトが伝わるように、古田さんが大切にメガネを拭き上げる姿を撮影しました。古田さんの自信の表れがそのまま紙面になった広告です。

> **売れるキャッチコピー大百科　その17**
> **小枠広告なら、伝えることはひとつだけにしてください。**

気に入っていたフレームなのに、不注意で踏んでしまった…
大切なフレームなのに、子どもが壊してしまった…

メガネの修理なら、amiにご相談ください。

メガネは、あなたの瞳そのもの。
だから、大切にして欲しい。
まずはメガネをお持ちください。
amiなら、どんな修理でもご相談に乗ります。

◎再メッキ…¥3,150〜　◎ロー付け(溶接)…¥5,250〜
◎具合直し、型直し、クリーニング…無料　※状態によって価格は異なります。

アイウェアショップ・アミ
Eyewear shop ○-○ ami
0575-23-8554
住 関市下有知397-2
営 10:00〜20:00　休 火曜日
HP http://www010.upp.so-net.ne.jp/eyewearshop-ami/

古田さんは自他ともに認める（いい意味で）メガネバカ。本当にメガネを愛して止まない人だからこそ、このメッセージも自然に生まれます。

小枠広告編

3 最も効果的な記事広告

　あなたが広告を出したい、または出している媒体をよく眺めてみましょう。業種にもよりますが、競合がたくさんいますよね。そのような中で、紙面のフォーマットが限りなく決められている場合は仕方ありませんが、可能なら「記事風」にして取材してもらったような紙面にします。今は、制作側が基本的にそうしている場合もあります。

　なぜよいかと言えば、お客様の声と同じで「客観的な評価」に見えるからです。
　ということは、客観的な物言いのキャッチコピーになるか、新聞やニュースの報道関係の見出しを真似る、ということです。
　要するに、５Ｗ１Ｈ系です。**事実（に感じること←これ大事、どっちつかずが興味を誘う）を端的、もしくは逆説的に表現する、**ということです。

お湯で洗顔しちゃいけないって、ホント？

　このように、こちらが言いたい事実（かもしれないこと）を、読ませる相手からの質問で言わせてしまう、というテクニックです。
　また、媒体側が情報を伝える、上から目線という側面から、少し強気な言い回しをしてしまってもいいということです。

え!?　まだ○○してないの？？？

　新たな価値観を気づかせるためのキャッチコピーですが、これをチラシなどでやるには、その他の部分のつくりに労力がいります。

なかなか勇気もいります。しかし、記事風なら紹介してくれている他人（この場合媒体制作者）が言っているのだから、楽に試せて、責任なく口コミと同じような効果を期待できます。

ナイショですよ、○○(商品名)。

本当は教えたくないけど……。

なんていう、もったいぶった言い方も、記事風だからこそ、警戒心なく次を読めるところに利点があります。

媒体の信用力、と前項で言っていますが、実は、「競合がたくさんいる」というのも重要です。なぜ？　と思うかもしれませんが、折り込み広告でも、たくさんあったほうが見甲斐ありますよね？　情報が少ない情報誌よりは、情報がたくさんあったほうが見甲斐があるのです。だからこそ、こういうキャッチコピーが効いてきます。

売れるキャッチコピー大百科　その18
え！？　まだ記事広告を知らないの？

小枠広告編

4 小枠広告は入り口でしかない

　小枠広告の最初の項で述べたように、小枠広告単体で完結しようと思ってはいけません。
　ただし、飲食やレジャーの広告ならそれでもかまいません。
　たいていの冊子は、クーポンがついていて、みなそれを目当てにしたガイドブックとして見てくれるからです。衣食住の基本である「食」。必ず毎日行なう「食べる」という行為ですから、私たちは飽くことなくほしい情報です。それに、いつでも私たちは遊びたい、楽しみたい。だから、他業種よりは圧倒的に反応が高いはずです（もちろん内容によりますよ）。

　飲食でなかったら、できるだけ内容をシンプルにして、他の媒体へ誘い込むことだけに注力するのです。
　まだまだ、何でもかんでも言いたい広告主はいっぱいいます。ライバルと差別化を図るには、あなたが一歩前へ行っている表現をしなければいけません。
　ということは、販促全体の流れを決めていないといけないということです。消費者を戦略的に誘導する仕組みをまず先につくる必要があり、それらが決まった上で、何を言うか？　を初めて考えます。
　当然ながら、ホームページへの展開が多くなるでしょう。そこで必要になるのはこの二つ。

・**わかりやすいアドレス**
・**指名検索窓**

　もちろん、どんな媒体でもこの二つは重要ですが、あえて小枠広

告の項で扱ったのは、下記4つの広告の左上のようなつくりでもいけるからです。

　何も言わない。これは、隣り合った広告がうるさく言ってくれているという、冊子の小枠広告ならではの環境を利用したやり方です。高度ですので、取扱いは要注意。

> **売れるキャッチコピー大百科　その19**
> **男と広告は、無口なほうがいい？**

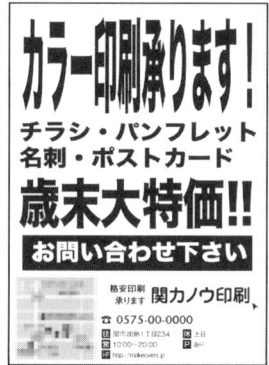

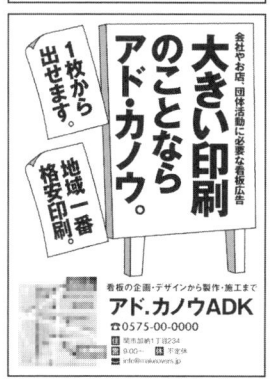

危険な技ですが、周りとの関係性を見て、同業種の中で異彩を放つ目的でやってみる。

パンフレット・カタログ編

1 コンセプト、使い方が形状を決める

　パンフレット、カタログというと、どこか贅沢なツールのように感じられます。大きな会社しか持っていないイメージがあります。実際に、正式なパンフレットを持つクライアントは、中小零細企業では多くはありません。商品数が非常に多いか、口では説明しにくい、BtoBの専門領域などに向いているでしょう。

　ただ、どこでビジネスチャンスがあるかわからない今、いつも定番で持ち歩けるツールはあるに越したことはありません。
　右の事例は、横浜にある造園業の庭Quick（クイック）の、手配りメディア。お庭のお手入れ方法が書いてあり、企業姿勢と連絡先が明記してある。これをポスティングで配布したそうです。
　見たところ、ニュースレターともチラシとも言えない、位置付けの内容ですが、定番的に使えるという意味でパンフレットと呼んでいいでしょう。

保存版

　たとえば媒体として信用力のないチラシを、情報媒体に変えてしまうという、定番「枕詞キャッチ」ですね。開けさせる仕掛けとしては、観音開きになっていて、開いた状態でＡ４サイズという手頃な大きさ。保存に向いています。

　最初は、即集客は期待していませんでした。じわじわと浸透していけばいいものとして、配布したそうです。ところが「こんなに役立つお手紙くれてありがとう」なんていう電話がかかってくるようになり、ほどなく客数がアップしました。

現在では、このような配布メディアも必要なく、繁盛店となっているようです。

> **売れるキャッチコピー大百科　その20**
> カタログをとっておいてもらうために必要な言葉、「保存版」。

観音開きで開けて見たくなる仕掛けも◯。やさしい雰囲気が紙面からも伝わる。

> パンフレット・カタログ編

2 お店・会社そのものを表現しよう

　関東地方のベーグル専門店。オープン当初、近隣に１万枚配布して、200件を超える反響がありました。これは驚異的な数字です。
　店構えも雰囲気がありますし、店長の人柄も、いかにもよさそうです。アットホームさがにじみ出ています。

　チラシとしてＢ５の３つ折りの形状でポスティングしていますが、つくりはチラシではありません。そんな棲み分けの必要ももはやいらないのかもしれません。ただ、自分たちのポリシーや伝えたいことを、素直に伝えているだけ。パンフレットですからそういうものです。この内容なら、いつでも使えるでしょうし、お店に置いていても、来店者に配っても、チラシとしてポスティングしてもちゃんと機能しているのです。
　それは「売り込み」という感覚が紙面から感じられず、「みなさんへのごあいさつ」という意図がちゃんと伝わっているからでしょう。

　言わば「想い」を売っている。
　会社そのものを表現する。そこにフォーカスされていれば、カタログでもパンフレットでも、どんなツールへも転換できるマルチなメディアとなりうるのです。
　このお店のタグラインを探ってみると、

世界でたった一店の「ちょっと変わったべーぐる屋」

　ベーグルを「べーぐる」と、ひらがな読みにしているだけでも、その店の雰囲気をやわらかくしています。決して巧みなキャッチコ

ピーではないのですが、世界でたった一店と言ってしまっているところが、圧倒的なアドバンテージをもたらします。

　実際に、商品も「創作べーぐる」と言っているだけあって、魅力的です。

売れるキャッチコピー大百科　その21
カタログを一人歩きさせるには、あいさつに行かせればよい。

ベーグルと同じくらい人の写真が多いことに気づきましたか？
オーナーの人柄がうかがえ、手づくり感ただようカタログで、
とても好感が持てます。

パンフレット・カタログ編

3 パンフレット・カタログはお飾りじゃない

　カタログは贅沢品、という勘違いからか、「よそ行きの一張羅」になってしまっている会社も少なくありません。

　私が以前勤めていた会社で「カタログがもったいないから配るな」と言われたことがあります（なんと恐ろしい！）。

　余計な見た目にお金を注ぎ込み過ぎて、もったいなくて配れないなんてことは、絶対に避けてください。しかし、自社の特徴を一発で表現できる素材や飾りならもちろん取り入れたほうが、一貫されたイメージを感じます。

　右の事例は、岐阜県の製材会社が開発した、特殊加工段ボール製の避難用仮設テントです。

　震災時の被災者の実情を徹底的に調査し、自社でできる材料で、何度も開発・実験を繰り返した、担当者の血と汗と涙の結晶のような製品です。私も実験や一部の意匠的開発に携わりました。

　組み立てると、幅が4m近く、高さは2m以上あります。解体して箱に入れても80kg以上あるもの。ストック品としてはかなり大きく、趣味で買うには難しい。

　こうした「予防」商品は、自分の身に降りかからないと、人は真剣に手に入れようとしません。

　想いや発想は素晴らしいのですが、今ひとつ商品が、生活圏内に入りづらい、ということがわかりました。自治体へのアピールも同じです。そこで、少しでも興味を持ってもらうきっかけとして、商品の特徴である8角形をカタログのカタチにしました。

　まずは見てもらって、そのメッセージを知ってもらう努力も必要。カタログの型抜き代金はコストがかかりましたが、他では代えがたい商品アピールになりました。

売れるキャッチコピー大百科　その22

メッセージをカタチに託す。

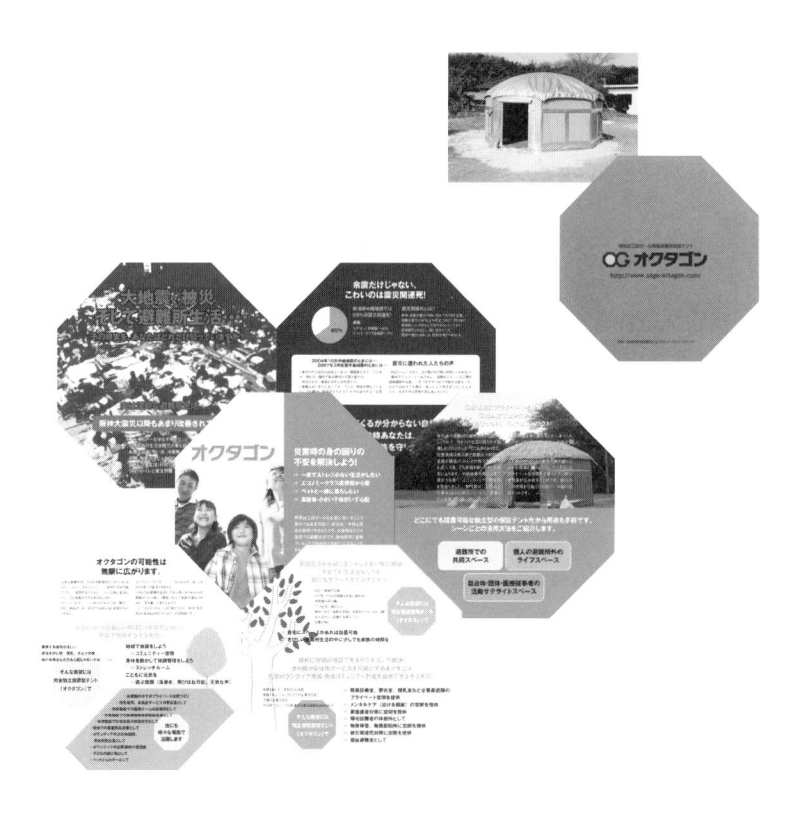

実際の組み立て写真と、テントの八角形をモチーフにした製品カタログ。災害現場の実際、災害に対する正しい知識までが載っているため説得力があります。災害に対して私たちはいかに「対岸の火事」と思っているかを思い知らされるカタログです。

問い合わせは株式会社佐合木材まで（http://www.sago-g.co.jp / TEL0574-26-3111）

> 名刺編

1 世界で一番小さくて強力な武器

　名刺、私たちデザイナーが最もつくるのを避けたいツール、とも言い換えられます。紙面が限られるので、デザインのバリエーションが非常に難しい。特徴を出すためには、デザイン力がかなり必要になります。だから、つくり込めばすごく使えるツールなのに、なぜか軽視されてしまうのが、この名刺です。

　考えてもみてください。
　あなたを憶えていなくても、名刺が強烈に印象的だったら、必要になった時にそのキーワードとともに、相手を思い出しやすいと思いませんか？
　たとえば、同じ文章でも、図式化されたほうが記憶に残りやすいでしょう？　だから、名刺はアイコン化して、相手に記憶させてしまうのがいいのです。そんなツールの性格を反映してか、一番小さな「看板」とも言われます。
　名刺は大きく分けて二つの考え方があります。

・短いタグラインにする
・肩書きを工夫する

　この二つです。
　まず、短いタグライン。もちろん、長いのがダメなわけではありません。ただ、紙面が小さいので、文字数が多過ぎると、インパクトに欠けます。一目で見てスッと言いたいことがわかるには、やはり短いほうがいい。
　それをさらに助けるのが、ロゴマークやロゴタイプです。視覚的に見せるのです。ロゴも名刺と同じく軽視されがちですが、こうい

う風にとらえると、あながち無駄ではないことがおわかりいただけるかと思います。

　肩書きについては、次の項目でご説明します。

売れるキャッチコピー大百科　その23
名刺はアイコン。相手に深く刷り込むには「図式化」だ。

ベビーマッサージというやさしさを表すための角丸加工、書体の工夫、ロゴの手描き、わかりやすいイラストを使用しています。

71ページで紹介しているいがみ建築工房さんの新名刺のひとつ。デザインにはバリエーションがあり、社員とお客様の名刺交換にコレクション性も持たせています。

> 名刺編

2 肩書きひとつで仕事が変わる

　肩書きは、実は究極のタグライン。何をする人なのか、その一言で伝えることができます。

　だから、名刺は大切なのです。あなたがもし、会社勤めで可能ならば、会社の物とは別にもうひとつ自分個人の名刺を持つとよいでしょう。そこで、プロフィールをきちんと言ってしまえば、ずいぶんと印象が変わるはずです。その時に独自の肩書きを持てばもっといい。

　私といっしょに仕事をしている仲間に、文筆業の人がいます。その彼の肩書きはこうです。

街あるきエッセイスト

　彼のホームページの記事はさまざまなところで紹介され、「愛・地球博」の公式ガイドとしても認定されるほど。中部地方を中心に、全国の街を歩きながら突っ込みを入れていくというスタイルを一言で言い表したものです。広いフィールドで知識も豊富。そんな彼の、取材姿勢をそのまま肩書きにしたものです。

　そういう意味で言うと、100ページで紹介した「反響商魂研究所」のメンバーたちは、みな起業家で、肩書きも自由なものが多いですから、参考にしてください。

売れるキャッチコピー大百科　その24
肩書きは言霊。自分をヒーローにしてしまえ！

「街あるき」から、地図をモチーフにしたレイアウトです。より肩書きを効果的に見せるために「街あるき」の部分に動きをつけています。

反響商魂研究所のメンバーで一番の友人、梅垣氏の名刺。私は、彼の「中小に愛と勇気と現金を。」というタグラインがたまらなく好きです。この名刺だけで、彼のパーソナリティが感じられます。

> POP広告編

1 今言わないでどうする？

　ＰＯＰ広告とは、店内にあるポスターやパネル、プライスカード、のぼり、デコレーションなどのことを総称して言います。
　ＰＯＰ（Point of purchase）、購買時点広告です。人は、**店内に貼られている広告を眺めるのは長くて「2秒」**と言われています。
　その一瞬で、ひきつけられるかが勝負です。店内の総力戦と言えます。
　突き詰めれば店内のレイアウトも関係してきます。視線の高さ、人の動きの習性、色の知識、デコレーションの知識など、さまざまなことを加味しなければなりません。
　結局どんなツールでも言っていることかもしれませんが、お店自体のコンセプトがすべての始まりです。
　たとえば、セール名ひとつとっても、そのお店の特徴が表れてきます。キャッチーなネーミングなら、チラシや広告物とともに、親しまれるかもしれません。
　ネーミングセンスが最も大切なスキルと言えるでしょう。ただ、2秒ですから「わかりやすく」が原則です。

○○特集

秋の味覚

北海道フェア

富山おいしいもの市

　このような直球でいいでしょう。

また、ＰＯＰ広告には季節性が色濃く反映されます。テレビで話題になったものが、次の日お店で売り切れる、という現象が今では当たり前になってきているので、売り場に反映させる即効性も必要。これはもう、キャッチコピーというよりも、ひとつの事業部の仕事全体と言えますね。

売れるキャッチコピー大百科　その25
ＰＯＰは直球勝負と、ちょっとのセンス。

のぼりから店内ポスター、デコレーションまで、さまざまな販促ツールを扱うメーカーがあります（上の写真は株式会社アルファのカタログ「POP GALLERY」）。既製品でもまかなえる部分は上手に使って時間短縮、どこに独自性を置くか探りましょう。

> POP広告編

2 2秒でつかんで背中を押せ！

　通勤時、駅構内にあるキヨスクや薬局は朝早くからお店を開けていますよね。サラリーマンが、そこでよく栄養ドリンクを飲んでいます。疲れた体を奮い立たせているのでしょう。あるお店についているPOPはこうでした。

死にそうな疲れに

　直球過ぎて、にべもないですが、見ていると、道行く疲れたサラリーマンは、まるで磁石に吸い寄せられるようにそのお店に立ち寄ります。

　もうひとつの例として、ドラッグストアの店頭にあるのぼりでもかなり特徴的なものがありました。

体臭

　これだけです。真っ赤なのぼりに、白い文字で「体臭」。私は2秒どころか、唖然としてしばらく眺めてしまいました。
　実はこの業界は「薬事法」が深く絡んでいて、表現に規制があり過ぎて、こういう直球の単語でしか表せないのです。
　店頭ののぼりだからよいだけで、本来は「汗」程度が限界です。しかし、これじゃあ何なのかよくわからない。そこで、何か体の悩みを抱えている人の間で人気のある商品があることを訴えるコピーが主流になっています。

○○あります。

これは、もちろん他業種でも使えます。「冷えたビールあります」なんかは、もはや定番です。街を探せばヒント満載ですよ。

売れるキャッチコピー大百科　その26
２秒で決めなきゃ、ＰＯＰじゃない。

町の薬局で見かけた「体臭」のぼり。
これは、ウィンドウにタペストリーのようにして使っています。

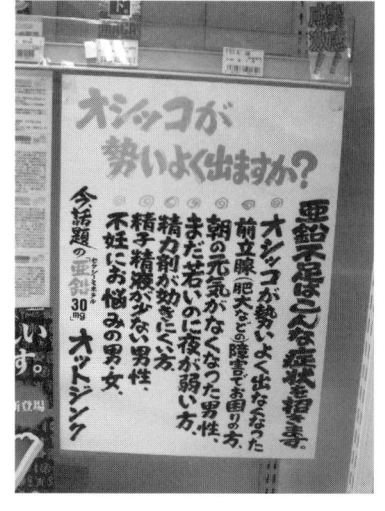

左／栄養ドリンク剤の島陳列。通路の目抜きに置くディスプレイを島陳列と言います。効能効果を言えない代わりに、この仰々しいディスプレイでおすすめ度をアピール。
右／年を取れば、カラダのどこか一つや二つは欠陥があるもの。こんな風に問いかけられると一瞬「え？」と立ち止まってしまいます。実際に症状が出ている人は、まわりから悟られないように、でも気になる、を繰り返しながら店内をうろうろ。力強い手書きがこの文章にチカラを与えていますよね。

> POP広告編

3 手書きに勝るものはなし

　手書きPOPというのは、古くはスーパーの価格POPでは当たり前に使われていますが、最近は液晶のパネルで、時間によって価格が変わったりするハイテクなものもあります。

　でも、やっぱり、買う側にしてみると、お店の人の手書きで書いてあるほうが、温かみがあり、信頼できますよね。

　特にCDや本のおすすめコメントは、なぜか目がいきます。人が書いた文字には、直線の無機的な冷たさがないからでしょうか。ただ、社員さんであれ、店長さんであれ、商品知識が豊富でないと、効くコピーはつくれませんから気をつけて。

　ここでは、書き方を真似てもらうほうがよいと思いますので、事例をいくつか紹介しましょう。

売れるキャッチコピー大百科　その27
下手でよいから手書きしてみる

腸としか書いてありませんが、どこか訴えるものがある絵です。

健康に関する事柄は、成分の名前が話題になります。薬局やドラッグストアは薬事法の関係もあり、こうした成分を直球で言うパターンが多いのです。これは話題の「プラセンタ」のドリンクであることを言っているだけなのですが……。

2kgの脂肪を体験するための模型。とても面白い工夫です。フライドポテトMサイズを1ヶ月間食べ続けた場合の換算値も具体的でいいですね。こうした工夫がいずれ実を結びます。

看板編

1 郊外店と店舗密集地帯

　看板の種類は、大きく分けると郊外の単独店と、商店街をはじめとする店舗密集地帯に分けられます。

　郊外の単独店は、目的買いに訪れる人が多いので、店名がきちんとうたってあり、存在をアピールできていればいいでしょう。

　問題は密集地帯です。特に、店舗がひしめき合う商店街では、ちょっとした障害物で、すぐに店が見えなくなります。

　そのために、突き出しのテントなどが使われるわけですが、同業種が多く存在するところでは、簡潔に「何が得意か」を表示する必要があります。

　本屋なら、専門分野があるのか？　古本屋なのか？　24時間営業なのか？　年中無休なのか？

　コンビニの看板を見ると、酒が売っているか、ＡＴＭはあるか？というのがすぐにわかりますね。窓にハガキや印紙類が買えるかどうかも表示してあります。

　コンビニにクレームというのは少ないそうです。それは、誰も「コンビニには期待していないから」です。ところが最近では競争も激化していますから、サービスレベルが上がっています。すると客の要望も高くなってくる可能性はありますね。

　これはどんな業種にも言えるのではないでしょうか？

　いずれにしても、自店の特徴を自分でよくつかむことが大切です。自分のことはわかるようで、実はわからないものです。

　本　お売りください

これはもう地方都市なら誰もが一度は見たことのある看板です。ところが、このフレーズが記号化してしまっていて、本が集まらなくて困っていると、実際の古本屋チェーンの社長に聞いたことがあります。すると、あるところでは、

本　高く買います

　というキャッチコピーも出てきました。しかし、これももう記号化しています。以前見かけたネットの古本サービスでは、キャッチコピーではなく、古本を効果的に集める仕掛けを行なっていました。それは、当時出たてのiPodを抽選でプレゼントするものでした。拍子抜けするような単純な手法ですが、これがかなり当たったようです。消費者心理としては、わざわざ本を送るための「理由」がほしいのです。こうして視野を広げて考えていかないといけないのですね。
　記号化してしまった言葉は、誰でも思いつきやすいので、お気楽に使ってしまうと、経費の無駄になるかもしれません。

売れるキャッチコピー大百科　その28
記号化してしまった言葉に気をつけて。

5章

合わせ技で大反響！
キャッチコピー
＋αの活用法

- ライバルを出し抜く販促ツールの決定打とは？
- 合わせ技の基本は「火に油を注げ」
- 【写真編】
- 【イラスト編】
- 【デザインテクニック編】

ライバルを出し抜く販促ツールの決定打とは？

　この本は、文字通り「キャッチコピー」の本です。確かにキャッチコピーの精度が上がれば、広告の反応は上がるでしょう。しかし、キャッチコピーの精度が上がったかどうかの判断は、反応によってしか測れません。ところがその反応というものも実に有機的で、キャッチコピー以外の部分で何を改善したかによっても敏感に変化します。それを無計画に行なっても、果たしてキャッチコピーの精度が上がったかどうかなどはわかりません。

　キャッチコピーの精度を測るだけなら、キャッチコピーだけを変え、以下の内容はそのまま、媒体、規模、タイミングも同じにしなければ意味がありません。しかし、中小企業には、悠長にテストばかり行なっている余裕もない。だから、明確な指標も判断もないまま広告を出稿し、その後の動きには目をつむり、なぜだめだったんだろう？　と、その解決方法も見いだせないまま、次の広告を手探りで行なうしかない……こんな状況が大半です。

　できた広告が圧倒的な差を見せつけるまでに至るには、キャッチコピーの精度、それだけでは偏り感があります。

　じゃあどうすればよいのか？
　答えは単刀直入に言うと**「デザイン」**です。広告ツールづくりの範疇（戦略部分や、運用とか）を示す言葉として、クリエイティブという言い方もします。
　先の章で解説したように、同じ言葉でも書体（フォント）によって表現力がアップします。その言葉がまとう服装（デザイン、すなわち見た目）は、真似できないくらいセンスが長けているほうがい

いに決まっています。そこで圧倒的なレベルの差が生まれます。だから、確実に、クリエイティブの部分で反応に差が出る改善点がわかる場合は修正しなければいけません。

　そうです。ライバルを出し抜く広告の決定打、それはデザインだったのです。

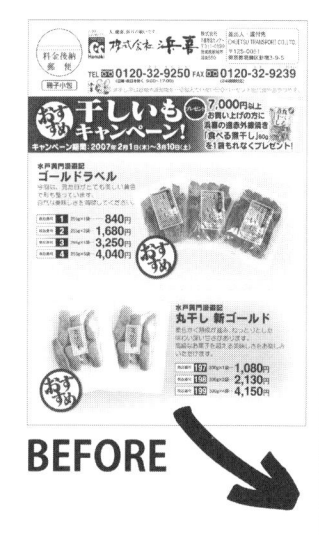

BEFORE

AFTER

デザインによって売り上げが伸びた例。食べたらとてもおいしいのに、その「おいしさ」が伝わっていなかった「ほしいも」のDM。そこで、写真を撮り直し、大胆に商品を出して、キャッチコピーも見直し、商品の魅せ方だけを変えました。これを制作した頃は不況と騒がれた2008年当時。それでも前年比を上回る結果となりました。

合わせ技の基本は「火に油を注げ」

　デザイン⁉　それは専門家の領域でしょ！　そんなものが広告の売れる条件になってしまったら、広告制作の術を知らない中小企業やパパママストアには手も足も出ないじゃないか！　と、あなたは思うかもしれません。

　しかし、安心してほしいのです。まず、世の中に自分でデザインができる広告主は九分九厘いません。当然ながら、印刷会社やデザイン事務所に頼んでいるのです。デザインを重視するならデザイン事務所に頼めばいい。ただそれだけのことです。あなたが知らないだけで、電話帳を開けば何件もあるはずです。探してみてください。

　さて、もちろん話の真意はそこではありません。あなたが、売れるコピー力を身につけ、さらに自社の広告にデザインを取り入れることで、ライバルを出し抜くためには、三つの方法があります。

・キャッチコピー＋写真
・キャッチコピー＋イラスト
・キャッチコピー＋デザインテクニック

　次項から、この三つに分けて解説していきますが、実は、ほんのちょっとした工夫でかまわないのです。実際にデザインを制作するのは、あなたが信頼するブレーンの方々です。そのクリエイティブとあなたの商品知識をドッキングすることで効果を最大に発揮することが目的です。

　そのためには、あなたが**ブレーンに伝えるためのリテラシー（読み書き能力）**を持たなければいけません。クリエイターだけがあな

たを理解するのではないのです。

　そう、歩み寄るのはあなたのほうです。この常識が実は間違っているために、広告主と制作側が今の世の中ではうまく噛み合わないのです。

　メッセージやキャッチコピーをしっかりと持っているクライアントは、ビジュアル（ここでは広告の見た目のイメージ）に対しても、最初から方向性を示唆します。ターゲットのイメージがしっかりできているということです。そうなってくれば、あなたも印刷会社やデザイナーを上手に使って、売れる広告をつくることができるのです。

　さあ、ここからは、あなたのキャッチコピーに最強の鎧を着せるデザインの領域について書いていきます。

> 写真編

1 写真を組み合わせればクオリティは段違いになる！

　最も効果を上げるのに手っ取り早い方法、それが写真です。
　前項でも解説したように、写真の使い方ひとつで、あなたのメッセージは何倍も力強く見る人に働きかけます。しかし、駅の構内で見る大きなポスターや、ファッション雑誌の刺激的なブランド広告に使われているような写真を目指そうというのではありません。

　右の例をご覧ください。この二つの広告の違いがわかりますか？　実はこれ、内容はすべていっしょです。違いは写真が入っているかいないかだけです。目がいくのは圧倒的にBだと思いませんか？
　私たちは、言葉でしかコミュニケーションできません。しかし、「百の言葉より一枚の写真」なんていう言葉があるように、言葉よりも直球で向かってくる「シズル感」というものがあります。
　シズル感とは、消費者の五官（目・耳・鼻・舌・皮膚）に訴えて購買意欲をそそる、またその購買意欲そのもののことを言います。人間はその約8割の感覚を目が担っています。だから写真は効果的なのです。

　ところが、こうした広告写真が、中小パパママストアの世界でほとんど理解されていない現状があります。
　私が住む岐阜県関市でもそうですが、その価値を知っているほんの一握りの企業だけが、その恩恵を受けています。関市は刃物の町です。なんと年に一回、神奈川から刃物企業が、ある写真館に毎年商品写真を撮影しにやってきます。刃物を撮るなら名産地である関の写真館、ということなのです。私も利用するその写真館、実は1カット数千円程度でクオリティも高い。私からすれば、大半の企業がなぜこれを利用しないのかわかりません。撮影現場の知識も身に

つき、やればやるほど商品の見せ所もわかりますし、愛着も湧いてきます。何より、他人が撮っているので、客観的に判断ができます。数千円をケチり、おもちゃレベルのデジカメで素人がいくら撮ってみても、プロにかなうわけがないのです。あなたがプロとして、世間にそのプロの商品を伝えるのに、なぜ、素人技術でいいのでしょうか？　それで伝わると本当に思っているのでしょうか？

これは、全国の商店、企業のみなさんに、この本でしっかりと問うておきたいところです。

合わせ技　その1　▶ キャッチコピー × 写真

キャッチコピーで写真を"説明"する！

"説明する"という意識を持ってキャッチコピーをつけると、写真がいきいきしてきます。

A

写真がないだけで魅力半減

B

写真を入れることでいきいき

> 写真編

2 写真はプロにおまかせ、あなたは言葉で魅せてやれ

　さて、前項でも言いましたが、ここでもう一度断言しておきます。広告の精度を上げたいのなら、写真はプロに任せましょう。もっとえげつない言い方をすれば、広告で儲けたいなら、写真はプロに任せないと損です。これだけは覚えてください。

　しかし、気をつけなければいけないことがあります。プロにすべて任せて、あなたは何もしなくていいのではありません。写真館、カメラマンは、写真を撮るプロですが、広告全体を司るディレクターではありません。どういうことかと言うと、どんな写真にするかを決めるのはあなた、ということです。

　前著『売れるチラシづくりのすべて』の中でも書きましたが、広告をつくる上で、**業務全体の判断を示すのが「ディレクター」**の役割です。これを企業側が行なうか、専門の人間を雇うのか、はたまた依頼した印刷会社に無理矢理押しつけるのか。
　予算もあるので、これは仕方のないことかもしれません。しかし、最終判断を下すのは、まぎれもなくあなたです。判断を下すのなら、商品・サービスを広告で演出するリテラシーは持っていないといけません。

　あなたがディレクターなら、あなたの指示がないと誰も動けません。だから、どんな写真にしたいかを最初からカメラマンに伝えないと、思ったような写真にはなりません（もちろん、飲料なら水滴を霧吹きでつけてくれるようなことは、基本的にはあるかもしれませんが）。
　その意見をぶつけてこそ、他人があなたのしたいことをわかって

くれるのです。そこからは、プロに任せれば、あなたのほしい写真を表現するのに、全精力を注いでくれることでしょう。

　自分で売れる広告をつくりたい、そんなあなたがしなければいけないことは以下の順です。

①メインのキャッチコピーに合った写真を考える
②メイン写真の具体的な構図を決める
③広告全体のレイアウトを決める
④そこにはめ込む写真をすべて決めてしまう

　決めることばかりですね。そう、**ディレクターの仕事は決めること**です。このように、写真を撮る前に、ここまで決めておかないと現場で作業が止まってしまいます。自分でやりたいあなたは、ここまで決めておかないといけません。

　さて、この章での最重要課題は「火に油を注ぐこと」でした。この場合、当然キャッチコピーと写真が、火と油の関係です。まずはあなたの役割を把握したところで、キャッチコピーをつくり、その言葉に合うイメージを最大限に膨らませるのです。
「それが難しいんじゃないか」と思われたでしょうか。
　まあまあ、焦らずに。そのイメージを膨らますコツを、このあとお伝えしていきますから。

> 合わせ技　その2　▶ キャッチコピー × 写真
> ### キャッチコピーは火、写真は油
> あなたのコンセプトを表現するキャッチコピーに則って写真（ビジュアル）を決めていきます。それが基本形です。

写真編

3 究極は「一人ごっつ」

　以前、テレビで「一人ごっつ」（フジテレビ）という番組がありました。お笑い芸人ダウンタウンの松本人志さんが、文字通り一人で出演していたお笑い番組です。この番組の中に「写真で一言」というコーナーがありました。松本さんが、お題で与えられた写真を見て、即興でセリフをつけていくのです。すぐに笑わせる言葉を思いつくなんて素晴らしいなぁと思って見ていました。写真に一言つけ加えることが、人の心を動かすという本質を見抜いているところがすごいと思ったのですが、これ、まさにキャッチコピーのつくり方といっしょです。

　番組内でのその言葉自体は、本来の意味とのギャップを楽しむお笑いなので、「売れる」キャッチコピーとはあまり関係ないですが、そんな風にして、訓練することができるのではないでしょうか。

　私たち人間は、相手に何かを伝える術として、まずは絵を描き始めました。そして文字、写真、演劇、さらに動画。いまや、ネットでは、当たり前のように携帯電話で撮った動画をブログやホームページに貼っています。これ以上のリアリティはありません。

　こんなに簡単に、誰もが映像で表現できる時代に、基本的な写真で、とんちんかんな表現をしては、遅れをとります。**映像表現のリアルさを、相手の頭にイメージさせることが重要**なのです。写真があたかも動き出すような。イメージなので、より相手の妄想が膨らみます。そこが写真＋キャッチコピーの得意分野です。

　それを成功させるためには、写真と言葉がうまく噛み合っていないといけない。プロに頼んで出来上がってきた写真を見ながら、キャッチコピーを新たに考え直すのも、いい訓練になるでしょう。

合わせ技　その3　▶ キャッチコピー × 写真

写真からイメージする言葉を見つけるのも OK

写真からイメージして、キャッチコピーをつくるのもひとつの方法です。ただ、コンセプトはいつも中心に据えて、そこから外れないようにしましょう。

▶ 何て言っている？

さて、ここはスーパーの魚介コーナー。こんな写真のポスターがあったとしたら、この海老さんたち、何て言っているでしょう？

(例)

漁港で直接買いつけました！
厳選　海の幸
へぇ、姿勢がいいねぇ

あなたなら、何て入れる？

漁港で直接買いつけました！
厳選　海の幸

店内の POP にこうした手書きの工夫をし続けることで、お客様が親近感を持ってくれます。ここで大切なのは、お客様が買い物を楽しめるようにすることと、自分たちも楽しんでつくることです。

写真編

4 新聞・雑誌は資料の宝庫だ！

　本屋で雑誌の表紙を見ることを、前章でもおすすめしていますが、もちろんそれだけではありません。せっかく資料として買い込む雑誌や、毎日読む新聞も、ぜひ教材として使い倒しましょう。
　特に雑誌は、魅力的な写真がたくさん載っています。ぜひ、構図の参考にしてください。スクラップするもよし、最近は流行のスキャナでデジタル化してもいいでしょう。

　最初はただただスクラップでもいいかもしれませんが、**よりセンスを磨くには、視点を持ってそれらの写真を眺めておきたい**ですね。
　そこで、ひとつ決めごとをするのです。たとえば、色。
　その写真全体が醸す色彩を判断して、「これは白のイメージ」「これは赤のイメージ」というように分けてみる。色ごとに、何か商品分野の特徴が見えるかもしれませんし、色によって影響される感覚を鍛えることができます。
　もうひとつは、人が入っている写真。人の動きがどうなっているか、どういう構図で、どう入っていたら出したい感情を伝えることができるか。
　そうやって写真を多く見ているだけで、どこにピントを当てたらいいのか、どんな構図が効果的なのかが、なんとなく体でわかるようになってきます。

　もちろん、そう思ったら実際に撮ってみることも大事です。中にはプロ顔負けの写真を撮ってしまう人もいるようですので、好きこそ物の上手なれ、でやってみるのもいいかもしれません。

さて、雑誌や新聞は写真パーツだけでなく、レイアウトがその醍醐味です。単に読みやすいだけでなく、紙面全体で見た時の、視線の流れが単調にならないようなページの流れ（ページネーション、と言います）、写真を活かすレイアウト、キャッチコピーと写真の関係、細かい写真へのセリフ付けも、プロの技が満載なのです。これを真似しない手はありません。

> **合わせ技 その4 ▶ キャッチコピー × 写真**
> **キャッチコピーと写真のバランスで話に抑揚をつける**
> 言葉を大きくするか、写真を大きくするか、どんな順で見せるかでどんな風に語りかけたいか、を表現する。

本当は教えたくないのですが、デザインを勉強したい人のための本です。『7日間でマスターするレイアウト基礎講座』（視覚デザイン研究所編）この本は、グラフィックデザインのビギナー向けの指南書。専門用語もありますが、わかりやすい説明になっていて、興味のある人にもってこいの本です。題材もいろいろあって、素人向けではありませんが、参考書にはピッタリです。

> 写真編

5 「ストックフォト」で イメージトレーニング

　「ストックフォト」というものを知っていますか？　いわゆる写真の既製品です。ネット上やソフトで買うことができます。

　実にさまざまなシーンの写真があり、その種類にはびっくりします。私がまだサラリーマンだった頃は、写真をレンタルするのが主流でした。その当時はストックフォトの会社が写真のカタログを出していて、デザイン事務所には、そうしたカタログが本棚を占拠していました。

　私は毎日のように、そのページをめくりながら、クライアントのテーマに合った、演出したいイメージの写真を選び、同時にキャッチコピーを考えるという行為を、知らず知らずのうちにやっていました（なるほど、今思えば「一人ごっつ」と同じです）。

　私はそれで、ディレクション体験をし、デザイナーながら、コピー力を鍛えたのだと思っています。写真がハイレベルなので、感覚が研ぎ澄まされますし、見ていてとても楽しいものです。

　よくよく考えてみれば、その写真たちは、そうした広告のイメージ写真として撮られたもの。ということは、あらかじめ「使われ方」を設定して撮られているはず。ならば、その「使われ方」の答えを探せば、イメージのピントは合うはずです。そこに、自分のディレクションが入れられれば、インパクトも、イメージもグングン強いものになる。

　自分でつくりたいあなたのために、手軽で使いやすい素材集の中でおすすめしたいのが『素材辞典』です。食材や、オフィスのイメージ、イラストなど、テーマごとに商品があり、CD‐ROM 1枚が8,190円（税込み）。チラシレベルなら十分使えます。大判のポ

スターには解像度が低く向いていませんので、ネット上で単品購入します。

　ホームページだけで使うなら、『素材辞典イメージブック』（データクラフト）というものがあり、書店などで1冊3,990円（税込み）で購入できます。CD-ROMもついているので、パソコンに入れておけば、いつでもイメージトレーニングできます。

素材辞典オフィシャルウェブサイト
http://www.sozaijiten.com/products/sozaijiten/
写真はもちろん、書体やイラストの素材が網羅されているので、かなりの場面で使うことができます。基本的にはロイヤリティフリーで、使用料は原則かかりませんが、使用目的によっては別料金も発生するので、サイトをよく確認してください。

写真編
6 意外に使われている「ストックフォト」

　そして、このストックフォトですが、意外にもよく使われています。意外にも、といっては失礼ですが、町で見かける屋外広告や電車の中吊りは有名企業ばかりで、すべてがプロの手によるオリジナルだと思いがち。でも、実際はそんなことありません。いかにもそのために撮ったと思えるような風景写真は、実はストックフォトだったりします。私は、まだレンタルだった頃、有名ストックフォトのカタログをほとんど見ていたので、中吊りでよく「あ、あれ、あのカタログにあった！」と眺めていたものです。

　要は使い方なのです。コーディネート力です。演出したいイメージをきちんと持っているかどうか、です。そこでの「大衆心理」を突き動かせるようなシーンを魅せられるか、なのです。

　自然派の健康食品を売りたいのなら、何を相手にイメージさせればいいでしょうか？　もちろん、味が自慢なら商品写真でもいいでしょう。でも、多くの人が健康食品に期待するイメージというものがありますよね。もとを正せば、**なぜその商品をつくる必要があったか？**　になるのですが、その**ニーズを表面化**しなければいけません。
　健康食品は「健康になりたい、そして、いきいきと楽しく生活を送りたい」からほしいのです。だったら、その生活のイメージを切り取らないといけません。
　「ヘルシーライフ」というようなテーマがちゃんとあり、熟年夫婦が仲睦まじく土手を歩くセカンドライフの昼下がりの午後、みたいなイメージがあるのです。これも、商品のターゲット層に合った被写体を選べばいい。

あなたが一所懸命、ない時間を削って、素人使いのデジカメで、伝わらない写真を撮っている間に、ちょちょいとネットを叩けば、段違いのクオリティの写真が手に入る。しかも、1万円しない。
　広告で1万円削って、時間も労力も使い、伝わらない写真を撮っていては、本末転倒と言わざるを得ません。
　ほら、今すぐ写真を買いに行かないと。

「熟年夫婦が仲睦まじく土手を歩くセカンドライフの昼下がりの午後……」
たとえば、こんな写真がほしい時、最初からあきらめるか、必死で出てもらえそうな人を探し、お礼に手みやげまで用意して、ちょっとばかりカメラ好きな友人に頼んで……なんて面倒くさいことをしなくても、すぐにほしい写真が見つかります。

> イラスト編

1 イラストもプロにお任せ

　写真と同様に、広告の素材として強力なものが「イラスト」。
　いやむしろ、使い方を間違えなければ、写真よりも言いたいことが伝わる素材です。ストックフォトの中にも、イラストのテーマがあり、シリーズで描かれていたりするので、売り場のポップや、季刊ものの冊子の表紙、バラエティのある商品を扱うサイトのイメージ統一にはよく使われます。しかも、業界で名前のあるイラストレーターさんのストックイラストもあるので、上手に使うと、一気に企業クオリティが上がるのも特筆すべきところです。

　しかし、イラストを使いたい時は、写真でも即座に表現しにくいような、説明シーンを表すことが多いので、よりオリジナリティを求められます。だから、やっぱり描かないといけないことが多い。
　これはもう、写真よりもプロに頼んだほうが懸命です。とは言っても自分で描こうなんて思わないかもしれません。しかし、「印刷会社に頼む＝プロに頼む」ということにはなりませんので注意してください。
　なぜなら、たとえばデザイナーに頼んだとしても、イラストを描けるか、と言えば必ずしもＹＥＳではないからです。そのくらい厳密には分業されています。デザイナーがイラストも描けて、写真も撮れるということはほとんどないのです。

　さて、あなたが商品の説明や、理論を展開したい時に、その説明を直感的に支えてくれるのがイラストです。文章での説明は必要ですが、読みやすくするためには、要所要所でイラストを挟んで、読み手の理解を助けることも必要です。広告の素人臭さが抜けて、目に留まる紙面が演出できます。

合わせ技　その5　▶ キャッチコピー × イラスト

言葉をイラスト化＝図形化すると、
一気にわかりやすくなる！

ややこしい説明を長々と語るくらいなら、一枚の絵で見せてしまおう。

餅は餅屋、イラストはイラストレーターに。すでにこのイラストが物語っていますね。言葉がなくても意味がわかりますし、本文と合わせて見ると理解度がグーンとアップ。
（イラスト／小川アヤ子）

> イラスト編

2 警戒心をほどくムードメーカー

　イラストを使う意味。これには三つありますが、一つ目は今まで説明した「理解を助ける指南役」です。そして、二つ目が「消費者の警戒心をほどくこと」です。

　あなたの商品やサービスが、一般的に馴染みの薄い物だったり、よさや理解を得るのに説明が難しい場合。また、３Ｋ（きつい、汚い、危険）と言われるような仕事のイメージをよくしたい場合。

　どれも、適正で真のイメージを演出するために、デザインやイラストの力を借りることはよくあることです。

　よーくまわりを見渡してみてください。キャラクターやマーク、短い漫画が、いたるところに使われています。

　右ページで紹介する例は、私も所属する、まちづくりＮＰＯ法人のキャラクターと、法人の代表が運営する市民活動センターの機関誌です。キャラクターはもちろん私がこさえたものですが、メンバーの地道な努力で、市内の幼稚園、保育園を訪問したり、いろんなイベントに積極的に参加することで、地元での知名度を得てきました。今は過熱気味のゆるキャラブームですが、私はこの仕事で割と早くからのっていたのですが、今さらながら、キャラクターの重要性を身をもって知った例です。

　そしてもうひとつ、この機関誌ですが、創刊時に地元関市出身の漫画家に依頼して、漫画を載せました。もちろん、ただ載せているわけではありません。市民活動センターは、市民がボランティア活動や、団体活動を行なうための相談所としてできたものです。その仕組みや、相談の仕方を説明するために、漫画を利用しました。この漫画家さんの作品のキャラクターを活かした、面白いイラストに仕上がっています。

合わせ技　その6　▶ キャッチコピー × イラスト

同じ言葉でも「信用度」が変わる！
特にキャラクターが語るだけで、同じ意味合いでも親近感が湧きます。

©VOUSMELAN

関市の情報フリーペーパー「ぶうめらん」のキャラクター、ぶぅ。創刊時に比べると、地元ではかなりメジャーになってきたキャラクター。まちづくりをコンセプトに、市民のボランティアメンバーが取材記事をつくり上げています。
http://www.vousmelan.com/

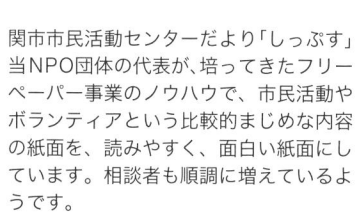

関市市民活動センターだより「しっぷす」
当NPO団体の代表が、培ってきたフリーペーパー事業のノウハウで、市民活動やボランティアという比較的まじめな内容の紙面を、読みやすく、面白い紙面にしています。相談者も順調に増えているようです。
http://www.seki-siminkatudo.com/

5章　合わせ技で大反響！キャッチコピー＋αの活用法

> イラスト編

3 「思わせてしまう」イメージ戦略

　イラストを使いたい三つ目の意味。それは、**「思わせてしまうイメージ戦略」**です。

　「思わせてしまう」ということは、言い換えれば**「思考を奪う」**ということです。言い方は悪いですが、あなたの創った商品ストーリーに観客を引き込むために、都合のいい挿絵を使う。イラストが放つキャラクター性は、あなたの文章だけでは演出できません。これは大いに利用するべきでしょう。

　漫画を思い浮かべてください。漫画は、絵である分、その世界観も独特ですし、自由な万有引力とでも言ったらいいのでしょうか、現実ではありえない世界を繰り広げることができます。
　『空想科学読本』（メディアファクトリー）の著者、柳田理科雄氏によれば、あのドラえもんのタケコプターは、実現しないんだとか（そもそもドラえもんが存在するかは置いといて）。著書の中には、そういったアニメや特撮ものを科学的視点で斬りまくったユーモアたっぷりの事例がたくさん載っています。逆に言えばそういう、あったらいいなぁ、という「夢」が、アニメや漫画、特撮ものにはあるということですよね。イラストもそこが魅力なわけです。

　ということは、あなたの商品を使用した時に得られる、**消費者が描く夢をイラストで散りばめれば、より商品のイメージも上がって、購買欲もアップする**ということです。
　そのためには、写真と同様、プロの力を借りるのが最も手っ取り早い。費用対効果が、結果的に高くなる。
　もちろん、費用対効果を考えて使用してください。100円のもの

を地域で5,000個売ったとしても、10万円でイラストを依頼していては、その他の印刷費用、デザイン費用、媒体費用、商品原価、経費を考えたら意味がありません。

> **合わせ技　その7　▶ キャッチコピー × イラスト**
>
> **プラス漫画で、こっちのペースに引き込める！**
>
> 漫画はサブカルチャーです。楽しんで読めるので、いつの間にかあなたの論理に引き込むことができるのです。

© VOUSMELAN & Ayako Ogawa

前ページのぶぅを、フリーペーパーの誌上でプロが漫画にしてくれています。ぶぅが関市のお寺でイベントに参加した後、ベンチで出会った老人に、一句詠んで聞かせます。しかし、その相手が広瀬惟然（ひろせいねん／松尾芭蕉に入門したという、関市出身の江戸時代の俳人）の亡霊だったという話です。こういうユーモアに触れていくことで、読者はどんどん架空のぶぅというキャラクターに親近感を覚えていくのです。

イラスト編

4 使ってはいけないイラストとは？

　よくやりがちなのは、自分のプロフィール写真を似顔絵にすること。これが一番使ってはいけないイラストです。ポスティングされてくる広告によく見受けられます。残念ながら結局誰だかわからないので、たいていは怪しさが増すだけの結果に。
　自身を絶妙にデフォルメできていて、イラストもかわいらしくて、ユーモアがあって、キャッチーで、しかも実際会ったら似ていて、笑ってしまうくらい特徴をつかんでいて、それがきっかけで警戒心を少しでも解いてもらえるのなら、使ってもいいでしょう。
　どうでしょう。そんな絶妙なイラストはほぼ描けないでしょう。

　地域で商売をする。立派な商売をしているあなたなら、地域で名前と顔くらい売ったほうがいいに決まっています。なぜわざわざ、本人とわからないようなイラストを使う必要があるのでしょうか？
　もともと真偽のほどが怪しいと思われがちな広告です。消費者との信頼を築くのなら、まずは誠実に自分を出す、出す、出す！　これが最初にしなければならないことです。

　こういう人たちが増えれば、地域の雰囲気がよくなると思うのは私だけでしょうか。商売人の誠実さが溢れている町は楽しいと思うのです。まちづくりのセオリーでも、商店街に活気のある町は、活性化されている、と言います。そんな商店街には、きっと、町の誰もが知る名物店主さんたちが、毎日買い物に来る奥さんたちにちょっかいを出しながら、楽しませているでしょう。
　ショッピングは楽しいことなのに、何だか腹の探り合いのような広告戦略なんて嫌ですよね。だから、隠さないで、何でも正直に出してしまえばいいのに、と思うのです。

> 合わせ技　その8　▶ キャッチコピー × イラスト
>
> **そっくりな似顔絵なら、言っていることも真実味が増す！**
> 似ていない似顔絵はウソ。そこに姿勢が出てしまうので、いくらいい言葉を並べてもウソに聞こえる。

▶絵はうまくても似ていない似顔絵なら載せないほうがマシ！　な例

こんなにきれいじゃない。

何者!?　もはやわからない

実際はこれが近い!?

恥ずかしながら筆者を例にとって見比べていただきましょう。いかがですか？　やっぱり写真のほうが誰だかわかって信頼度上がるでしょう？　名誉のために言っておくと、このイラストはプロの方にわざと似ていない似顔絵を描いていただきました（一番右以外は）。（イラスト／小川アヤ子）

> デザインテクニック編

1 文字をデザインする

　私たちは言葉によって思考します。**すべてのコミュニケーションの根底にあるのは言葉。**その言葉を書き記したものが文字ですから、その文字が表情を持ったら、イメージは確実に伝えやすくなります。

　パソコンの中に組み込んで使う日本語の書体は、英語と違って文字数がけた違いに多いので、値も張ります。

　はっきり言って、あなたが自分のパソコンでビラをつくるためだけに購入するような安い買い物ではありません。通常はデザイナーのような専門家が仕入れて使うものです。ちなみに品質の高いもので1書体2万〜3万円かかります。同じ種類で太い文字、細い文字もあり、それらも同じ値段がかかります。どうですか？　びっくりするでしょう？　しかし、それで表現できる雰囲気は無尽蔵と言ってもいいくらいです。

　同じ歌を、いろいろな歌手が歌えば、いろいろなアレンジで歌えば、まったく違ったものに聴こえるのと同様に、いろいろな書体で、いろいろな感情を引き出すことができるのです。この書体選択のセンスを身につけたら、同じキャッチコピーでも伝わり方がまったくと言っていいほど変わります。

　書店に並んでいる雑誌のタイトルも、オリジナル風の書体は多いですが、かなりのものが既存の書体でできています。他にも書籍のタイトル、店・企業のロゴなど、バラエティに富んだものは多いですが、そのほとんどは、オリジナルではなく、既存の書体を組み合わせたり、一部を変形させたものがほとんどです。それでも十分に固有の雰囲気は出せると思います。では、書体によるキャッチコピーの印象の違いをご覧ください。

合わせ技　その9 ▶ キャッチコピー × デザインテクニック

見た目が違えば、説得力も違う

ダサい人にオシャレについて語られたくありません。同じ言葉でも語る側のパーソナリティに合った文字の見た目で！

キャッチコピーは書体で変わる！
MS P ゴシック

キャッチコピーは書体で変わる!
見出しゴシック

キャッチコピーは書体で変わる！
HG 正楷書体

キャッチコピーは書体で変わる！
じゅん

キャッチコピーは書体で変わる！
丸明オールド

キャッチコピーは書体で変わる！
ゴシック MB

キャッチコピーは書体で変わる！
ゴシック MB を加工したもの

書体によって、言葉の印象がまったく変わってきます。一番下のゴシック MB は、その上の加工していないものと比べても躍動感が違います。このように、わずかな文字のデザイン（セリフを活かす役者とその演出）が、広告のよし悪しを左右してしまうものなのです。

デザインテクニック編

2 店頭は言葉の戦場、あの手この手で敵がやってくる

　文字をちょっとデザイン処理しただけでことが済むほど、世の中甘くないということはあなたももうおわかりでしょう。
　たとえば、スーパー、薬局、酒屋、住宅展示場まで、ＰＯＰ広告が溢れかえり、表現もどんどん進化しています。少しでも商品のよさを伝えるために考えられた、苦心の作を見てみましょう。

・**動くＰＯＰ**
　ドラッグストアでよく見かけることがあるのではないでしょうか。
　医薬品、医薬部外品は薬事法での制限が厳しいので、言葉での表現に限界があります。特に折り込み広告やホームページは、各地域自治体の医療薬務課の目もあり、商品のアピールはほとんど何もできないと言っていいほどです。だから、少しでも目をひくために、動くＰＯＰを使ったり、商品を模した浮き輪のようなエアーＰＯＰと言われるようなもので、売り場をにぎわしています。

・**耳で聞くＰＯＰ**
　以前はお店の人がラジカセに録音した宣伝文句を、売り場で流したりしていました。現在は、音声といっしょに小さなモニターから映像を流しているポップもあります。また、センサーがついていて、前を人が通ったら反応して、呼び込みするタイプもあります。

・**光るＰＯＰ**
　ＬＥＤは以前は高価過ぎて、個人店ではとても導入できる代物ではありませんでしたが、現在は安価になり、パソコンと設定ソフトで好きな文字を入れると、ＬＥＤで表示できるＰＯＰまであります。

合わせ技　その10 ▶ キャッチコピー × デザインテクニック

言葉を立体的に演出しよう！

紙に書くことだけが表現ではありません。五官を刺激する方法を駆使しましょう。

▶ 動くPOP

振り子のように左右に揺れているため、アイキャッチになる。ソーラー電源なので電池が不要。
ミニフリモタイトルセット／¥1,575（税込）

▶ 耳で聞くPOP

その昔、スーパーではラジカセから聞こえてきた売り声がいまはICメモリー。60秒間録音ができ、エンドレス再生も簡単で、音質も一定。録音する言葉によって、ユニークな演出ができそう。
呼び込み君（ビューサインmini付）／¥31,290（税込）

▶ 光るPOP

幅30cmほどのLED表示器。今まで高価で導入できなかった店も、手軽に手に入れられるようになった。パソコンで好きな文字を入力し、専用ケーブルで転送する。文字の動きにもバリエーションがつけられる。
薄型LED文字表示器／¥49,350(税込)

商品の問い合わせはいずれも株式会社アルファまで（TEL086-277-4511）

> デザインテクニック編

3 色にもいろいろありますが

　さて、赤色、と言えば何を想像するでしょうか？

　炎、赤信号、パトライト、血、口紅、バラ、りんご、スポーツカー……いろいろありますが、あなたなら何を想像しましたか？

　赤は、標識の中で最も危険度の高い表示に使われています。通行止め、進入禁止、駐車禁止。注意レベルではないですね。そのくらい赤が、私たちの深層心理に強く働きかける色だということです。

　ヒーローもののメインキャラは必ず赤ですし、セール告知や売り出しののぼりも赤、クリスマスも赤。

　赤は何やら私たちをソワソワさせる色のようです。この大衆心理は万国共通で、赤にはおおむね同じイメージを持ちます。

　赤は進出色とも言われ、他の色よりも前に出て見えます。折り込み広告を見ていると、我も我もと目立たせたいと思うばかりに、やたらとキャッチコピーを真っ赤にしているのを見かけます。

　断言しますが、あなたのお店が完全閉店セールをする時以外は100％やめてください。そもそも危険を感じさせる側面のある赤色ですから、紙面そのものに違和感、嫌悪感を抱いてしまうのです。

　その他にも、白地にほとんど見えない黄色を使ったキャッチコピーも時々見かけます。これも残念ながら効果は間違いなく落ちます。キャッチコピーに限っては「黒」文字にしましょう。

　もっとも、スーパーや八百屋のチラシは別です。毎日が売り出しで、にぎやかな売り場。価格の赤色は定着しています。こういう理にかなった場所なら、赤や派手な色の文字も歓迎されます。いずれにしても色選びには注意です。好きな色ではなく、ターゲット（消費者）の生活スタイルに合った色で演出しましょう。

> **合わせ技　その11 ▶ キャッチコピー × デザインテクニック**
>
> **言葉に品を与える色彩**
> 色が違うだけで、語る人の性別までイメージさせることもできます。
> だからこそ間違えないように！

▶ 色別感情効果

食品、日配品、セール、閉店セールなどディスカウント系
→ セールへの高揚感、期待感を与えたい

- **地色**　白、黄色
- **文字**　黒、赤、青

ファション性の高い業種（服飾、美容、雑貨）
→ オリジナル性、落ち着き、センスのよさを見せたい

- **地色**　白、クラフト紙、生成り
- **文字**　黒、ショップのイメージカラー

信頼性が必要な金融、士業、専門業種
→ 透明感、落ち着き、情報開示の明瞭さを見せたい

- **地色**　白
- **文字**　黒、グレー、一部にコーポレートカラー

理美容、エステなど、ヘルスケア関連
→ 清潔感、人間性、透明感、オシャレ感を与えたい

- **地色**　白（クール系orナチュラル系）
- **文字**　黒、一部にコーポレートカラー

デザインテクニック編

4 キャッチコピーは感情のデザインだ

　いろいろなテクニックを見てきましたが、どれもがあなたの伝えたいメッセージを、より効果的に演出する道具に過ぎません。
　大切なのは自分が言いたいことを言うのではなく、「相手が知りたいと思うことを伝える」ということです。多くの人が陥るのは、商品のことを表現しようとすると、商品の特徴しか見なくなることです。その商品が使われていくイメージができていないために、先が見えなくなり、小手先の見た目が気になったり、趣味の範囲で広告の判断をすることしかできなくなります。
　私がクライアントから話を聞き出す時、次の四つに重点を置いています。

・クライアントの商品・サービスが誰にどう使われているのか？
・クライアントの商品・サービスが誰にどう喜ばれているか？
・クライアントが、商品・サービスをどのように売っているか？
　また、どんな言葉を使って売っているか？
・お客様の声を集めているかどうか？　どうやって集めているか？

　中小企業の販促・広告の問題は、この四つの視点から現状を把握すればだいたい解決できます。とは言っても、改善する際の広告のキャッチコピーを決める作業はとても骨が折れますし、緊張する作業でもあります。これらを聞くと、お客様の反応や意見にまったく耳を傾けていないこともわかりますし、普段からデータをとっているかどうかもわかります。
　言いたいことのすべてを言うのではなく、そこをグッとこらえて、お客様が欲している情報を言葉にするのです。それが、データに基づいた生の声なら、確実に反応が上がるのです。

5章 まとめ

キャッチコピーは起こさせたい感情を引き出すもの
そのために必要な演出がデザイン

- あなたの商品が「誰に」「どう」使われているかを知る。そして「なぜ」使われているかを知る。

  → あなたの商品がどんな人に人気があって、それはなぜなのか？
  その根本的な消費者心理をつかんでおけば、売れるキャッチコピーはすぐに書けるようになる。まずは、今、目の前にいるあなたのお客様にとことん話を聞くこと。

- ターゲットのライフスタイルを知ることが、デザイン戦略を決めるカギ。

  → 彼らが好きなもの、好きな雰囲気、傾向を知る。するとトレンドが見えてくる。そのデータ収集のためには、やはり目の前にいるお客様に聞くしかない。

エピローグ── 最終章に代えて

　どんな商売であれ、お客様に向けてアピールすることは必要です。私のところには、商品やサービスが圧倒的な力を放ち、引く手あまたな場合でも、5年後、10年後を見越して販促戦略について相談にいらっしゃるクライアントもいます。そうしたクライアントほど自分でペンを執り、私たちデザイナーの領域を理解した上で、自分で考え、判断されます。

　名古屋に、高級飲食店を経営する「よし川グループ」代表で、名物社長の吉川幸枝さんという方がいらっしゃいます（ホームページ http://www.yoshikawa-sachie.co.jp/）。
　ホームページのトップに載っている彼女のキャッチフレーズを見つけました。

歩く100億円

　です。な、なんと直球な。
　メディアに出る時は、いつもジュエリーを全身にじゃらじゃらさせて、キワモノ的（失礼）なキャラで登場します。
　もうずいぶん前ですが、とあるローカル番組で吉川社長の特集をしていたので、興味津々で見ていました。
　いつものように彼女は、自分のお店でも、同じ格好でテーブルを回っていました。
　最初は「わぁ、すごいなぁ。どんだけ宝石好きなの」と思っていましたが、番組が進むに連れて、彼女の本質が見えてきたのです。そして彼女の本当の姿に私は驚きました。

生活そのものが地味だったことも意外でしたが、それよりも、毎日欠かさず、墨と筆を使った直筆のお礼状を、なんとすべてのお客様に送っていたことに驚きました。その数や尋常ではないと思います。むしろ、一日のほとんどを、その手紙を書く時間に使っているというのには、さすがにたまげました。
　彼女のホームページには「今月の言葉」なるコーナーがあります。決して熟れた、巧みではない言い回し。でもその人間味がひしひしと伝わってきます。プロフィールにはこんなことも書いてありました。
「お店で、輝く宝石を身にまとい、食事中のお客様のテーブルを回るのは私の舞台。ひとつが何十億円のジュエリーはすべてが舞台衣装。仕事以外はいっさい身に付けない。グロテスクになるほど付ける（笑）のは、お客様に楽しんでいただきたいだけ」
　楽しんでいただきたいだけ、というところが、実にプロだなあと思います。ここまで来ればもはやエンターティナーです。

　儲かっている社長にお話を聞くと、たいていの方は「お礼状」を書いています。季節のお便りも忘れずに書いている方も少なくありません。その方たちが度々口を揃えて言うことがあります。

「これをやってなかったら、今の売り上げはないと思います」

　儲かっている社長はペンを執っている。これはまぎれもない事実です。もちろん、手書きをする、という意味ではありません。
　それは、言い換えればコミュニケーションをとる、ということです。何も毎日毎日、すべてのお客さんのところへ足を運んであいさつをしに行く必要はありません。そんなことばかりしていたら、仕事になりません。
「営業は足を運ばないとダメだ！」という発想も否定はしません。しかし、飲食店なら、料理をつくるあなたがお店にいなくて仕事に

なるでしょうか。じゃあどうやって人を集めるのでしょう。そう、他の方法でコミュニケーションをとるしかないのです。

　しかもお店のように、お客様のほうから訪れてもらうには、いい仕事をするだけではなく、**忘れられないような、また来たくなる努力が必要**です。
　大御所のミュージシャンでも、ファンクラブだけのために会報をつくって、他では得られない情報を出力しています。そして、ラジオやホームページ、テレビで宣伝をしています。
　その存在が多くの人に知られている芸能人でも、ブログやホームページで出力をしている。

　あなたが表現しない理由は何もありません。
　私は、さまざまな仕事の宣伝をお手伝いしています。景気がよくても悪くても、どんな時でも実は需要がある職種です。そのくらい重要なスキルということなのでしょう。
　集客しなければお客様は来ません。ほとんどのお店、会社がそうです。それなのに、ペンを執る人はほとんどいない。なぜでしょう？

　もう気づいてほしいのです。
　対面する以外、お客様とコミュニケーションをとるには、間接的なツールで存在をアピールする他はありません。**ペンを執ることは、営業と一緒です。**キャッチコピーのスキルが上がれば、必ず見えなかったものが見えるようになります。だからこそ、出力をしている社長ほど、次の対策を相談にいらっしゃるのでしょう。

　キャッチコピーで、あなたとお客様をつなぐ、ということは、ニーズを獲得できることですし、大衆心理もつかめるということです。さらには社員にも書かせることができれば、あなたの考えも伝

わり、社員教育にもなる。

　今まで、いろいろなクライアントの問題を見てきました。だから、広告宣伝に注力するということは、経営の根幹にかかわってしまうということが、私は身に沁みてわかっています。私たちデザイナーもそこに踏み込まないと解決していかないこともわかっています。
　お互いに問題解決のために顔を合わせたはずなのに、いざ問題解決の核心に触れ、見たくないものを見せられそうになった時、逃げて行くクライアントがいます。本質的な話を面倒くさがるのです。
　逆に言うと、そこで目を光らせていっしょにつくり上げていける人が、儲かっていく人たちです。

　客とつながるキャッチコピーが書ける、そして、宣伝するための文章が書けるようになるということは、あなたが確実に一歩上のステージに上がっているということです。
　書かない人は儲からない。それが事実です。

　人を感動させる、というのは、どんな場合でも、どんな人でもそれが素晴らしいことだというのはわかるはずです。
　最後にひとつ質問です。
　あなたが３日以内に、誰か一人を必ず感動させ、涙を流させなければ、４日後にあなたが殺されるとしたら。
　さて、あなたは誰を選ぶでしょうか？
　きっと、「あなたを一番理解してくれる人」を選ぶのではないでしょうか？　それが肉親か縁者か他人かはわかりません。でも、そこですぐ顔が浮かぶ人は、あなたにとって、少なからず大切な人です。ということは、その想いがなければ、人を感動させることは無理なのではないでしょうか？

キャッチコピーで、お客様とあなたをつなげるということは、あなたのファンをつくることです。ファンはあなたのよき理解者です。応援してくれる、待っていてくれる、買ってくれる、会いに来てくれる、自分の暮らしを支えてくださっている。
　だから、感動の涙じゃなくてもいい、何かで返さなければいけないのです。

　あなたに300人お客様がいるとしたら、毎日３人ずつ会いに行っても、100日、３ヶ月以上かかります。３ヶ月したら、あなたを覚えていてくれるお客さんは何人いるでしょうか？
　その代わりに、ペンを執り一枚のハガキに手紙を書けば、少なくとも１週間以内に、すべての人に、あなたの気持ちは会いに行ける。確かにコミュニケーションができるはずです。

　私たちやもっと若い人たちが、季節の手紙を送ると、目上の方たちは「若いのに礼儀正しい」と褒めてくれます。
　あなたも、手紙をもらうと「自分を気にかけてくれていたんだ」と思いませんか？　もらった相手は絶対に喜ぶはずです。

　しかし、お客様は決して友達ではないし、肉親でもない。だから、手紙一枚出すのにも、想いが本当じゃないと、薄っぺらいものになってしまいます。当然のことです。だから、この本で書いてきたような、面倒くさいけど、青臭いけど、見たくないような本質に立ち戻ってから挑まないと書けないということを言ってきたのです。
　キャッチコピーは、書く相手のことを想像しながらでないと、書けやしないのです。

　儲かるキャッチコピーの本なら、使えそうな決まり文句を100も200も、どこかから拾ってきて並べれば簡単なことです。でもそれ

は対症療法でしかありません。長い目で見た時、この本を一助としてもらえるためには、何を書いたらよいのか？　そう、まだ会ったことのないあなたが、どうしたら、お客様とあなたをつなぐキャッチコピーが書けるようになるかを考え抜いて書いたのです。

**　だから、「使えるキャッチコピー」よりも、「使えるキャッチコピーを書けるあなた」になるための本を書いたつもりです。**

　何のためにそんな自分のノウハウを垂れ流すようなことをするのかって？
　だって、私の知っていることを本にして、少しでもあなたの仕事が繁盛すれば、私の仕事も増えるからです。
　そしたら、みんなハッピーでしょ？

マーケティング戦略デザイナー　加納裕泰

著者略歴

加納裕泰（かのう ひろやす）
マーケティング戦略デザイナー
中小零細パパママストア専門のクリエイティブディレクター

1971年岐阜県生まれ。大工見習い、設計事務所、広告エージェンシー、大手POPメーカーを経て2004年、マーケティングに特化したクリエイティブスタジオMakeovers（メイクオーヴァーズ）を立ち上げる。クライアント自身から引き出される戦略的デザインと、その核心的クリエイションには評価が高い。

町のパパママストアの販促サポートから、中小零細企業のマーケティング戦略までを行なう。その業種はビルダー、リテイルショップ、美容、卸業、老舗メーカー、マンションディベロッパー、大学などのクリエイティブディレクションから、まちづくりやNPOまで多岐にわたる。一枚の名刺から、広告、パッケージ、CI、WEB、プロダクトまで、クライアントに合致したデザインワークを、あえて地方から発信。地域ブランドの創造に尽力している。著書に『売れるチラシづくりのすべて』（同文舘出版）がある。

メイクオーヴァーズHP
http://makeovers.jp/

お客の心をつかむ言葉のテクニック
一瞬で売れる！買わせる！キャッチコピーのつくり方
平成23年2月2日　　初版発行

著　者——加納裕泰
発行者——中島治久
発行所——同文舘出版株式会社
　　　　　東京都千代田区神田神保町1-41　〒101-0051
　　　　　営業 (03) 3294-1801　編集 (03) 3294-1802
　　　　　振替 00100-8-42935　http://www.dobunkan.co.jp

© H.Kanou　　　　　　　　　ISBN978-4-495-59231-8
印刷／製本：萩原印刷　　　　Printed in Japan 2011